收藏

年鉴 2013

主编 田忠

文心雅韵 书画同源

河北美术出版社

策　　划：温美玲
责任编辑：赵小明　李菁华
装帧设计：圃生书装
责任校对：张淑霞
技术编辑：毛秋实
执行编辑：尹海娇　温翔云
作品翻拍：马宏文
特约摄影：张　伟
特约摄像：邹云峰

特约校对：于秀凤
图文编排：王　雪
印刷监制：祥建军
发　　行：程　巩
友情协助：舒士俊　戴士和
编　　委：刘　墨　王　平　陈仕斌
　　　　　张　松　范治斌　邹立颖

图书在版编目（CIP）数据

收藏年鉴. 书画同源 文心雅韵 / 田忠主编. —石家庄：河北美术出版社，2013.8

ISBN 978-7-5310-5385-9

Ⅰ. ①收… Ⅱ. ①田… Ⅲ. ①中国画—作品集—中国—现代 Ⅳ. ①J222.7

中国版本图书馆CIP数据核字（2013）第119371号

收藏年鉴

文心雅韵　书画同源

主编：田忠

出　　版：河北美术出版社
发　　行：河北美术出版社
地　　址：河北省石家庄市和平西路新文里8号
经　　销：全国新华书店
邮　　编：050071
电　　话：0311-87060677
网　　址：www.hebms.com
制　　版：北京永诚印刷有限公司
印　　刷：北京永诚印刷有限公司
开　　本：787×1094mm　1 / 16
印　　张：14.5
印　　数：5000册
版　　次：2013年8月第1版
印　　次：2013年8月第1次印刷

定　　价：68.00元

河北美术出版社　　sina微博

质量服务承诺：如发现缺页、倒装等印制质量问题，可直接向本社调换。
服务电话：0311-87060677

出版机构：《收藏年鉴》编辑部
Q　　 Q：1967761861
邮　　箱：shoucangnianjian@163.com
电　　话：18210303698　13269869915
地　　址：北京海淀区豪柏公寓B1幢
邮　　编：100044

封面作品：宋　佚名　写生草虫图（局部）　绢本设色　故宫博物院藏
封底作品：贾广健　榴实图　65×46cm　纸本设色　2012年

出品：美协艺术传媒　网络支持：CAI 中国艺术投资网　合作媒体：THROUGHOUT TASTE

收藏年鉴

2013

目录

文心雅韵
书画同源

《收藏年鉴》是由河北美术出版社出版发行的一本具有学术价值的当代美术类主题性图书。

《收藏年鉴》每本按照专题策划，本次主题意在通过探讨并围绕〞文心雅韵·书画同源〞这一主题，将着重报道、解读当代具有文人画品质的画家作品及其艺术思想、创作观念等。通过对艺术家全方位、多角度的研究与介绍，发掘和传达悠久的文化艺术传统和文化精神内涵，展现当代艺术家的风采和创新精神。以期行业人士和艺术爱好者、文化研究者，对书画艺术有更为清楚和坚实的认知、体察和启悟，并与其他文化领域有更深的融通。

本次〞文心雅韵·书画同源〞主题将采用传统报道+深度采访的形式，除了刊登书画家的作品与文章评论外，还走进艺术家的生活当中，在细微处展现艺术家的个人魅力，让艺术家在不断创作并完善绘画语言的同时，也展现着一个真实的自己，一个具有独特魅力的自己。毕竟，画面中处处流露着画家自我的真情实感，细腻之中流露着人性的本质，或平静、或自然、或平和……

艺术灵感源于生活，热爱生活的艺术家才会创作出好的作品。本书还将注重画家生活与创作的关系，展示画家在工作之余、创作之外的喜好、兴趣，在音乐、文学上甚至当代艺术有哪些研究？在国内外写生的时候，对于地域文化风土人情的评价有哪些心得？关于茶文化、酒文化有怎样的喜好？喜欢哪些体育运动？对科技对网络的看法？是否有兴趣写博客发微博等等。我们会通过这些全新的视角，图文并茂地报道，向大家展示当代艺术家独一无二的风采与魅力，用最别致的版面向读者展示当代书画名家的艺术人生。

本读物设计定位：清朗，古雅，厚重，学术，时尚。《收藏年鉴》封面采用200克特种纸过亚油，内文232页，14.5个印章，开本为16开，内文纸张选用128克特种纸，印刷采用海德堡对开六色印刷技术。

本书实行多种发行方式：

1、专业发行机构河北美术出版社，主要针对全国各大书店；针对性地在全国各地的艺术类书店上架；

2、通过网媒（《收藏年鉴》电子版与网络版）和纸媒的宣传，使读者可以通过订购的方式获取；在本次《收藏年鉴》出版的同时，我们将本书设计成电子版图书在全国各大艺术类网站对外同时传播。宣传途径：报纸、杂志、网站等。

3、通过邮局、快递、登门赠送等方式把书投递到全国各省市政府机构、知名艺术界人士（以研习文化艺术和创作为主）、美术馆、画廊、学校（以文化艺术教育与学习为主的艺术院校师生）、文化艺术机构和各类艺术社团以及其他爱好文化艺术的各界人士。

敬请关注和支持！

《收藏年鉴》编辑部

元 黄公望 九峰雪霁图轴（局部） 绢本水墨 故宫博物院藏

砚边画语

撰文：王伯敏

作画要有法，无法为瞎画。

二十世纪末至二十一世纪上半叶的相当一段时间，中国书画家处在竞走时代。眼下似乎还看不出谁是“天下第一”。“第一”即大师。一个国家、一个民族的大师的形成，必然是“水到渠成”。

艺术在新的世纪，它与高科技是截然不同的“品牌”，但与高科技在社会上是两种相平衡的力量。

有人说：“新空间，中西艺术可合可分。”一个国家，一个民族，不能没有国家自己的艺术，或是民族自己的创造。各民族的艺术可以相互借鉴，可以取长补短，但不能“合”。

用金钱、地位衡量不了艺术家的高低；艺术品的真正价值，不在商场或拍卖行中决定。历史会公允地检验艺术品的品位，“时间”比“空间”更能准确地评议艺术品的优劣。

书画和音乐是感情丰富的艺术，除了有教育作用外，还能提高社会文明与素质。它不仅有助科学家的科学研究与发明，还能消除人们的烦恼和疲劳。

科学家热爱音乐、书画，是由于艺术能帮助科学家酝酿适合创造思维的感情。这种例证很多，爱因斯坦写出《广义相对论原理》，就曾受到一支钢琴曲的启发。

看画，一种多看，一种精看，两者不可偏废。看一家画，不如多看几家画。不只是看古画，必须同时看现代人的画。再者，看画，不仅看自己喜欢看的画，还要看自己不喜欢的画。

我有一首论画诗，内有句云：“法尽理无尽，理尽法又生。”道理在什么地方，我也以诗同答，说是：“画法原无限，至关天地情。”最终还是落在人的审美情趣上。

任何一个画家，平日不读书，不看山，不听音乐，不去十字街头，肯定是一个白天躺在懒椅上喜欢做梦的人。

作画要有法，无法为瞎画。作画要下苦功夫，不如此，却以“无法”来冒充“有法”，自欺欺人，到头来一场空。

工作需要时，应该睁大眼睛，构思落墨时，不妨半睁半闭。“迁想妙得”往往在睁大眼睛获得领会之后许久的日子里，然后又闭上眼睛。

一部美术史，或者是音乐史以至是戏剧史，它所歌颂的是人的创造价值。

希望，是前进中富有魔力的引导。中国画是最有希望的民族绘画。新世纪到来，它必将蓬勃地发展。

绝望，是危险的标志，它会使人停止不前，以致使人的心脏停止跳动。中国画家的面前，没有任何绝望的象迹。有人说，“文人画必然没落，绝望挣扎没有用”，这是杞人忧天，是妄自菲薄的咒语。

昨日子夜案头支颐，忽然想到作画要“五到”，取纸笔记之，为梦语。余之所谓“五到”，即“笔到”“墨到”“水到”“意到”“神到”。

有一种审美要求，主张“以素为贵”，如认为璞玉用不到雕饰，理由是“其质至美”，陶瓦“形具拙美”也不必雕饰。今人讲求日用品的装饰，似应注意用此，何必“统统花花绿绿”。

年青时上学，听一位老师评画，提出“高、厚、大、重”四字为准则，不无道理。当时老师要我们背姚鼐《复鲁洁非书》中一段话，至今细嚼，觉得有味，并录之：

“其得于阳与刚之美者，则其文如霆，如电，如长风之出谷，如崇山峻崖，如决大川，如奔骐骥；其光也，如是日，如火，如金镠铁；其于人也，如凭高视远，如君而朝万众，如鼓万勇士而战之。”

一句话，艺术家若得宏伟壮观，还要自己有力量。力在气魄，量在如大海的心胸。

贴近时代脉搏去表现现实生活，是绘画的一种职责。但所表现的，除了以形象直接显示时代精神外，更重要的还在于体现内在的时代意识以及与时代十分融洽的热情。

给一部绘画史打个比方，它如一台戏，演出的地点，在民间、寺庙、墓室，或在宫廷、御苑，或在文化人雅集之处，或在工商业较发达的城镇。演员，主要是画家，书法家与诗人有时亦先后出场。收藏家是“戏本子”原稿的保存者，在时还担任舞台灯光的操作；评论家则是一台戏的鼓吹者，有时还担负台词提供的任务……

书给人之益是多方面的，可以从中得到知识，得到启发，也可以从中找到快乐，解闷或安慰。其最大益处，在于从中得到有价值的疑问，并由此使自己在学术钻研上得以深入又深入。读书，往往使人乐在其中，苦亦在其中。

元 倪瓒 古木竹石图轴 纸本水墨

中国画两要素

——图式与韵味札记

撰文：舒士俊

看一幅好的中国画，主要应看两个方面，那便是图式与韵味。最近两年我探究中国画，经常在思索的，便是图式与韵味这两要素。

一幅中国画要真正拨动观者的心弦，关键在于图式与韵味的拿捏。图式的张扬，所演绎的是画的外在格调，它带给观者的是夺目的视觉张力；而韵味的内敛，所蕴含的为画的内在神韵，它所发抒的是微妙的性灵感应。传统的中国艺术，历来便有格调派和神韵派之分，而今新式的“格调派”虽也面目繁纷，但在西画的大肆凌虐之下，大多为只见其形不见其韵，不少画家乃至有的名家，竟已不知笔墨灵性为何物。有时我甚至怀疑：从前中国画品评笔墨韵味的那一套讲究，现今是否已该束之高阁？

中国画之关键在图式与韵味，亦即画意与写意、形与质、格与韵两方面在画上的融合体现。对画家来说，外在形式与内在韵味两者虽不可或缺，但形式佳构作为一门学问，年轻画家亦可悟之；而韵味深化包含精深功力，则必大器晚成。因此，图式要顿悟求变而韵味须恒定渐修，两者之间有个很大的时间差。那对画家早期而言，又该如何来协调彼此，如何看待两者之孰重孰轻？

若以影视制作为喻，首要该有个好的故事结构。若无好的故事结构，纵有好导演好演员亦为白搭；而若有了上乘故事结构，即便导演演员为初出茅庐，亦未必定会弄砸。以画而论，画家功力深厚当是可羡，但若无图式佳构，纵有功力亦未必幅幅皆佳。又何以有的画家早年功力尚欠，却仍能崭露头角？以其画意图式夺目，纵有瑕疵亦不掩其形式美也。环视当下画圈，我见有笔墨功力的画家陷于图式困境，也见有笔墨功力尚不逮却别有一格而竟成名家，就不觉奇怪了。

画意图式之探索与优化，会给画家带来大格之幻变，它对一个画家的成就非常关键。当然亦不可否认，韵味之恒定修持渐进，会给画家带来内质深化之幻变和持续拓展的后劲。显然，外在形式偏于智性之微妙体悟，而内在韵味偏于灵性之微妙力感，虽两者之成有很大时间差，但最终必相辅相成，助推画家自身的最高成就。

图式最好要有独创性，能体现出与以前不同的时代精神就更好。而它内在的精神韵味，又要经得起推敲。在这方面，中国画与书法在审美上有共通处。一个书家的书法成就如何，关键在于它外在的结体和内在的韵味。书家有自己独特的结体很重要，结体是书法的外形。不过，光有外形还不够，书法还要有内在韵味。而韵味的修炼，不是一朝一夕能修成正果的。如没有五年、十年，甚至几十年这样的功力，微妙的韵味就出不来，所以古人有句话，叫“人书俱老”。其实中国画也一样，也讲究外在的图式和内在的韵味这两样东西，它也是“人画俱老”的。

图式，也就是画面形式感。画中国画，有的画家成名比较早，主要就是在图式上有自己独特的东西，画面形式感打动人，他就成名了。相对来讲，如果年轻人对各方面的知识学养有灵性，在图式上就可能跟他人不一样，在画上会有一个与人家不一样的形貌。图式主要靠顿悟，但韵味却是要靠渐修的。你要现在的年轻人一下写出像老一辈那样有韵味的书法，显然不可能，因为这韵味不是一朝一夕能练成的。所以，青年画家要成名，肯定先要靠图式制胜。传统很讲究临摹，你如画人物就学陈老莲、任伯年，但学进去以后不容易跳出来，就把自己捆死了。一个画家在图式上没有自己的独创，是不可能有突破的。

但是作为画家长久的修炼规划来说，也不能只抓图式，把韵味扔开不管。早年成名靠图式独创，接下来，就应该在韵味上补课。如果一直不重视韵味的修炼，那作品就不能深化，它内在的精神韵味就出不来，若干年以后就会觉得自己亏大了。画中国画若对韵味修炼一直不以为然，只靠图式翻花样，那到了老年怎么办？一个画家到了60岁、70岁、80岁，按照人生的自然生理规律，到老了大脑思维功能肯定要萎缩，不如年轻人、中年人，这时要再靠图式翻新，那肯定力不从心了。现在我们看到很多画家到了老年每况愈下，再也没有图式创新能力，由于写意韵味的修炼不足，他们的画已毫无后劲可言。

但是，如果是一直坚持韵味修炼精进的画家，情况就会大不一样。像齐白石画虾，从年轻的时候一直画到八九十岁，而他晚年画的虾，那么随意的几笔，他四五十岁画的哪能够比？黄宾虹的画，也是到了八九十岁才更精彩。朱屺瞻甚至到了100多岁，还能画出令人吃惊的画。这就是坚持韵味修炼发挥出来的后劲。如果把中国画家一生的艺术跋涉比作长途马拉松，那么，坚持不懈的韵味修炼，就能支持你跑到终点而不致半途落荒。

图式和韵味，图式要讲究创新，而韵味则要在一个相对较为固定的模式里修炼。韵味的修炼就如同打井，打井看上去重复劳累，若没有一定的毅力，打到后来就会生厌，觉得太单调乏味，打不下去。艺术功力的修炼，最容易出现这个问题。如果你有毅力，一直坚持“打井”，打到最后，这“井”就可能会出水、冒油，闪光。这里的关键有两个：一是要看你选的“打井”位置对不对，二是要看你有没有耐性坚持不懈地打下去。

所以我认为，学中国画一定要对图式的变异规律有深入探究，同时，也要不断通过修炼，来提升画中的韵味。韵味的修炼，其实就是把人下意识的灵性发掘出来，通过千锤百炼而使作品出神入化。如果把中国画作为自己的终身事业，就要理智地思考图式研究和韵味修炼这两个关键的因素，把握好自己在艺术追求上的短期和长期目标。

图式的韵味深化修炼对画家而言，具有抗老化的养生作用，这可以找到很多例证。就我的接触，首先是陆俨少先生，他早年患有哮喘病，我在“文革”中到他家，就见他在用哮喘喷雾器。但即便是这样的身体，即便是长期身处逆境，图式韵味的深化修炼仍对他深有吸引，至晚年他仍孜孜不倦探求变法。正是图式韵味的深化修炼，不但使他艺术卓有成就，寿数也超过了原来比他体健的刘旦宅。

还有一位我接触过的，以画的修炼来养老的画家，是活到百岁的王康乐。在他生命的最后几年，我经常到他家，希望从他身上观察到画画与养生的关系。我发现王老天天作画，从未间断。并且，他不断为自己设定目标，不是今年出画册，就是明年哪个杂志做宣传，他都一一亲自操心。在画上，他也不时在探求变法，还经常与我探讨。有一次他对我说，年岁大了，必然会看见身边的亲友一个个地离去，有时会突然觉得很寂寞难受，但当一回到画中，他就觉得自己精神忘怀解脱了。从他那儿，我明白了为什么王石谷晚年非常欣赏杜甫的两句诗：“丹青不知老将至，富贵于我如浮云。”

这里，我把近年来对图式与韵味的陆续思考归在一处，希望能使学中国画者有所悟得。

文章摘自舒士俊博客：
http://blog.sina.com.cn/shushijun1948

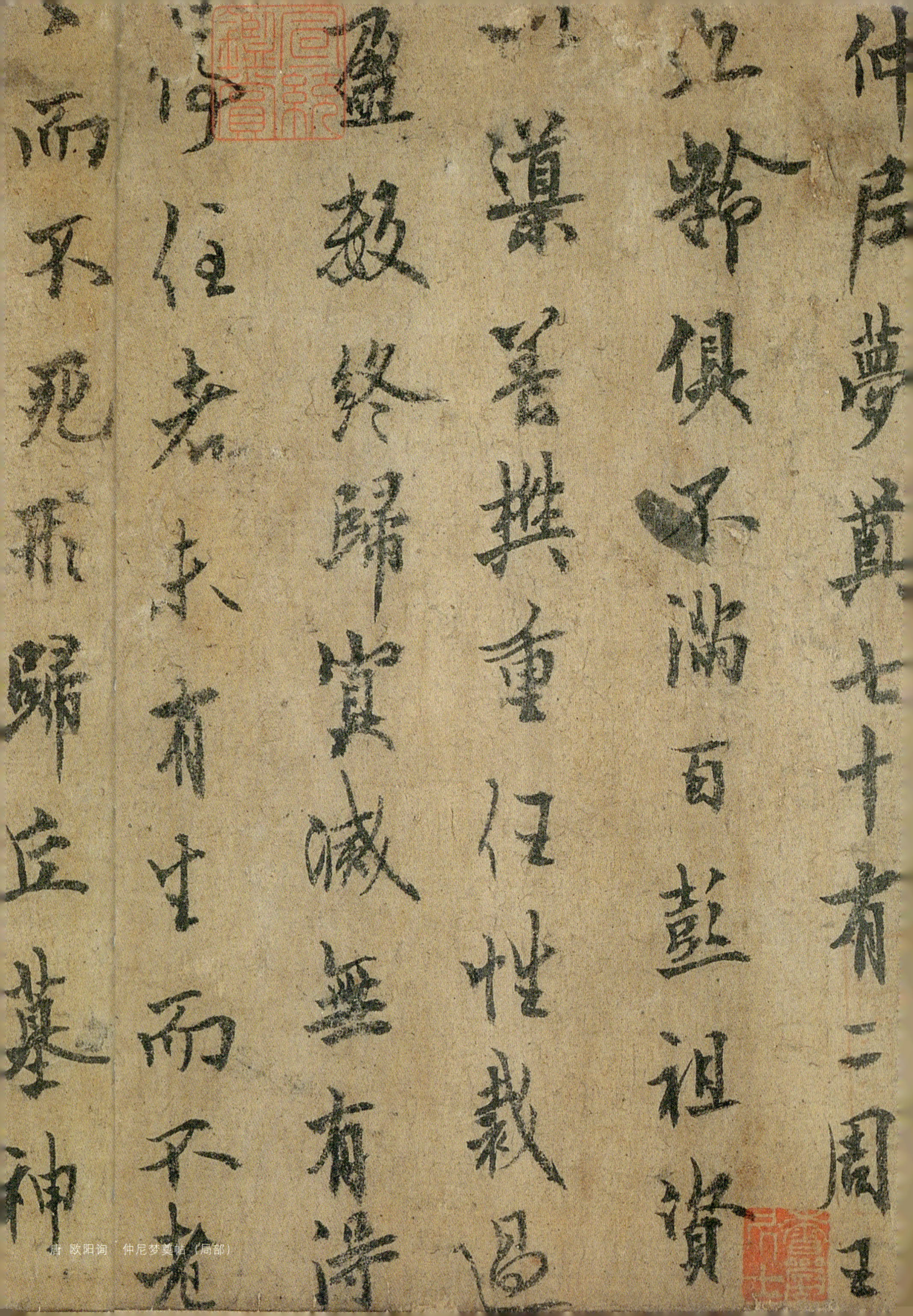

唐 欧阳询 仲尼梦奠帖（局部）

书法的空间意识与中国绘画

撰文：刘墨

从根本上说，视觉艺术创造了一个面对眼睛并与眼睛发生着直接的本质的联系的空间。

在西方自然主义艺术的传统中，从文艺复兴以来，画面形象被用来再现空间的一部分，这一部分被用来缩小远距离物体大小的直线透视连接起来，也包括从眼睛看去向后退的平行线的会聚，然后形成一个互相垂直的中心消失点，这就是西方绘画的透视法。中国绘画也曾在某个时期发展过这种透视法，因为绘画一点也不用透视法是不可能的，然而，不发展绘画中的透视法，却是中国艺术所刻意强调的。因为对于中国画来说，正如宗白华指出的：中国画里的空间构造，既不是凭借光影的烘染衬托(中国水墨画并不是光影的实写，而仍是一种抽象的笔墨表现)，也不是移写雕像立体及建筑的几何透视，而是显示一种类似音乐或舞蹈所引起的空间感。确切地说，是一种“书法的空间创造”。

不言而喻，书法空间表现力，是在平面上推移展延得以完成的。线条既不表现某种由幻觉所引起的空间感，也不向纵深推进，而只是沿水平方向展延。笔画与笔画之间的交插，就表现了书法的空间，它是由间距而不是由幻觉造成的一种空间感。所以即使书法只是在平面展开表现形式，却能够创造出运动的形式。张怀瓘说“其有一点一画，意态纵横，偃亚中间，绰有余裕；结字峻秀，类于生动，幽若深远，焕若神明，以不测为量，书之妙也”，正代表了书法所具有的运动形式与空间意识——而书法的最大贡献之一，便是创造了不描绘虚幻物体的纯粹运动形式，中国哲学的时空一体观，即用时间观念来补足空间经验，也在书法中得到了彻底的体现。

换言之，书法的基本结构是深植于时间之中才可以建立起来的形式，书法的空间形式则是具体时间意象的直接呈现，即书法空间中蕴含着一种极为内在的时间性，它们呈现为一种律动着的节奏。所以无论是书法还是绘画，它们都是流动的、转折的、回环的，显现出无比的节奏与韵律。这种节奏化的运动空间，华琳在《南宗抉秘》中曾以“推”——由线条所蕴含的力的方向及组织引动人对空间的深、远、平之感觉——名之：“疏密其笔，浓淡其墨，上下四旁，明晦借映。以阴可以推阳，以阳亦可以推阴。直观之如决流之推波；睨视之如行云之推月。无往非以笔推，无往非以墨推。似离而合之法得，即推之法得，远之法亦即尽于是矣……于疏密其笔、浓淡其墨之中，又绘出一段斡旋神理，倒转乎缩地勾魂之术，捉摸于探幽扣寂之乡。” 因而中国绘画的空间，不是以几何学的机械式的透视法为准则，而是由“推”而出的动的节奏所引起的空间感觉。而华琳所说的空间的形成在于“疏密”“浓淡”“借映”，与书法结字空间所用的术语，何其相似乃尔！

于是，我们也可以理解：

全幅局势先罗胸中者，下笔是笔笔生出，不是笔笔装去，至结底一笔，亦便是第一笔，古所称一笔画也。

大都画法，以布置气象为第一，然亦只是大概耳，及其运笔后，云泉树石，屋舍人物，逐一因其自然而为之，所谓笔到意生，如渔父入桃源，渐逢佳境，初意不至是也。

中国绘画的空间，并不须依据几何、三角的透视法便可完成。透视学是站在一个固定地点看出去的主观景象，而书法的空间却是一个律动的节奏。

如果说，中国绘画的空间是基于书法的空间意识；那么，书法的空间感却不包含物理学意义上的空间，而是基于汉字间架结构所形成的一种准空间。这个空间就人的能力和现有的概念而言，它是无质、无形而无处不在的，它是一种全体的流动，一种有节奏的生命力，或者是在生命的运动中体现了崇高精神的律动。

进言之，这种空间，存在于生命运动中的调节、变换、更新、精神的反映，充满着呼吸与生命力。沈括说：“李成画山上亭馆及楼塔之类，皆仰画飞檐，其说以谓自下望上，如人平地望塔檐间，见其榱桷。此论非也……李君盖不知以大观小之法。其间折高、折远，自有妙理，岂在掀屋角也！”“以大观小”固然是一种法则，然而在具体的实践上，却是用书法的节奏空间来代替西方透视空间的画法，因而他们不计较物象的实际尺寸或视角。也就是说，他们感兴趣的，并不是空间里固定的物体，甚至不在于空间本身——他们追求用笔的力度、韵律和运动。恽向（1586-1655）在黄公望（1269-1354）的山水中发现：

山水至子久而尽峦峰波澜之变，亦尽笔内笔外起伏升降之变。盖其设境也，随笔而转，而构思随笔而曲，而气韵行于其间。

这无疑即是沈括所谓“其间折高、折远，自有妙理”！

这种折高、折远，并不是固定的物理的空间构架，而是恽向所说“笔内笔外起伏升降之变”“随笔而转”“随笔而曲”，俾物质在笔的推移展延下移动，以气韵统摄全体，一切物象的纷纭节奏从中流荡而出！因此，恽向还说，董源（北苑，约活动于960年前）用笔，“无笔不大，无笔不高，无笔不远。”而董其昌在论述书法“在能收纵，又能攒捉”后，发现绘画之妙：“远山一起一伏则有势，疏林或高或下则有情，此画之诀也。”一起一伏，一高一下，正是书法用笔淋漓尽致的表现。他的绘画体现的不是物理空间，而是遒劲有力的迂回和起伏的笔法以及章法中生命的气势。

不仅如此，书法抛弃幻觉，消灭“虚幻”的或三维的画面空间——它的基本组成要素没有体积（只是形式的展开），不创造有深度的平面(只是水平方向的推移)，也同样影响了中国绘画的空间意识，使它接近于成为一个在各个方面都没有限制的完整面，将观赏者吸引到画中，如同一个宇航员超出得以参照的空间标系以外的一个深层空间。宗白华曾诗意地描述了这种深层空间：

画家所写的自然生命，集中在一片无边的虚白上。空中荡漾着“视之不见、听之不闻、搏之不得”的“道”，老子名之为“夷”“希”“微”。在这一片虚白上幻现的一花一鸟、一树一石、一山一水，都负荷着无限的深意、无边的深情。

所以，它们之间的联接，不是以物与物之间的关系，而是以书法中的节奏或气韵，就像起伏的线条本身赋予了整个画面以空间与运动。因此，中国绘画竟可以同欣赏书法手卷一样，这种边展边看、忽上忽下，不必顾及景物与景物之间的某种必然联系，而一切以我之情致、兴趣为转移的方式，使绘画构成向左右任意延长如无尽画廊般的“手卷”（或“长

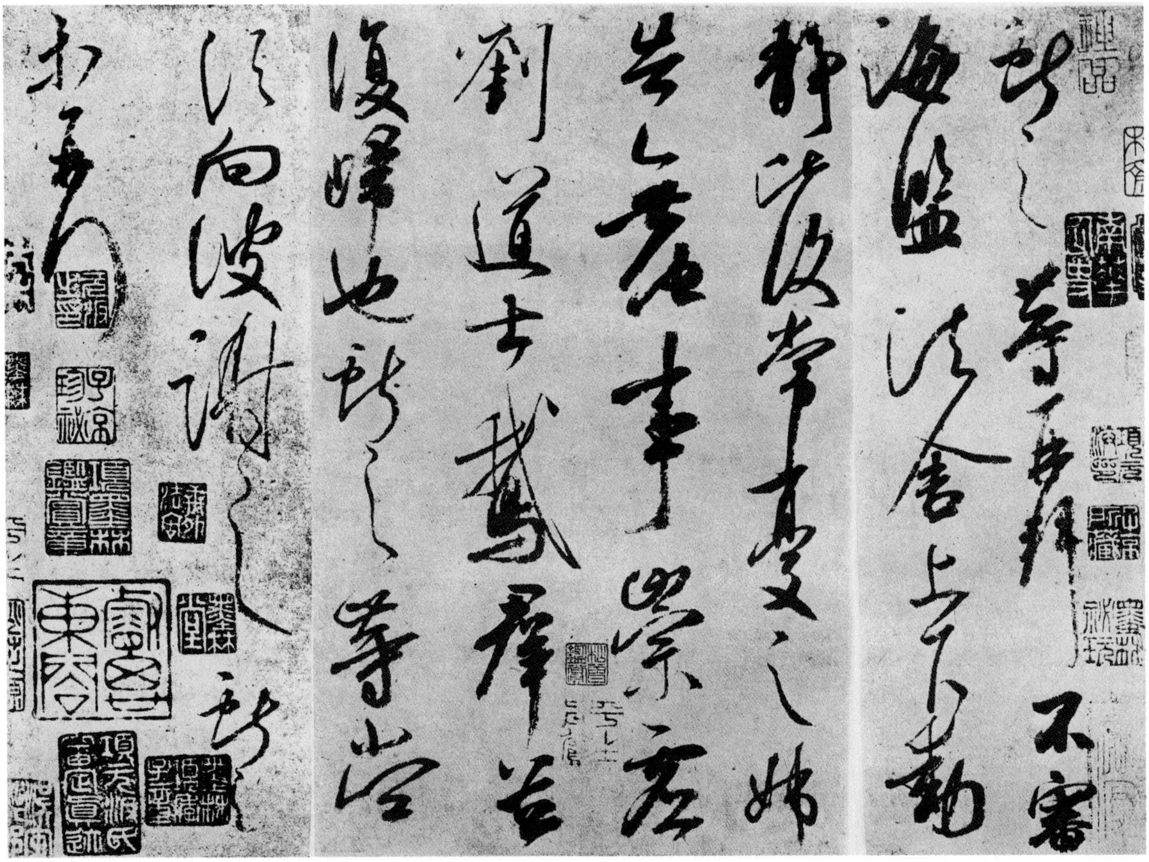

晋 王献之 鹅群帖 纸本水墨

卷”），也可形成向上下随意扩展、类似于汉字结构的“立幅”。

绘画虽然在空间上、深度上是“以大观小”形成的三远法(以山水为例)，但它在处理空间时所采用的方式，却是重叠法或上下平列法，以及左右结构的穿插挪让法，而这一切，又极肖似于书法的结字法。文献中历历可见，兹不赘述。

要之，书法用笔与章法所形成的一开一阖的节奏、一起一伏的气势、一虚一实的用笔，影响了中国绘画即使如“三远法”，也不是依据几何学式的科学性透视空间，而是依据动力学，渗透了时间节奏，化空间为气韵生动的生命境界，此所以特立世界艺林之尤著者。

刘墨

1966年1月15日生于沈阳，中国美术史硕士、文艺学博士、历史学博士后。现为北京大学历史文化资源研究所研究员、中国艺术研究院研究生院客座教授、西安交通大学东方管理学院教授。

读书致思，以诸葛亮“淡泊明志，宁静致远”和陈寅恪“独立之精神，自由之思想”为宗旨，潜心体会“宁静、淡泊，独立、自由”之义趣。主要著作有：《中国艺术美学》《禅学与艺境》《中国画论与中国美学》《中国散文源流史》《八大山人》《石涛》《龚贤》《国画门诊室》《书法与其他艺术》《乾嘉学术十论》《艺术中的文人》《20世纪中国画名家批评》《插图中国书画艺术》《传统的延续与演进》《生命的理想》《吃亏是福》《现代国学思潮与人物》《在艺术与学术之间：刘墨对话艺术名家》等，主编图书40余种。先后在北京、沈阳、厦门、淄博、福州、太原等地举办过书画展。另有400余篇论文发表于报刊之上。

宋 何荃 草堂客话图（局部） 故宫博物院藏

文脉——书画之根本

采访人：陈雅
受访人：张继刚
地　点：沐芦草堂

陈雅（以下简称陈）：做为当代学者古书画鉴定家画家，请您谈谈中国画的发展史及您对中国绘画的认识。

张继刚（以下简称张）：这个问题正是我与当代画坛诸多同道共同思考的问题，一部艺术史是离不开时代变迁的，随着历史的发展社会的变革，新的思潮如江河决堤海浪滔天般地激涌澎湃而来，是任何人都无法阻挡和改变的，这就是人类社会发展过程中都必须共同面对和经历的时代变迁。我们伟大的民族孕育了五千年光辉灿烂的文化，其古代文明推动了人类社会的大发展，独特的汉文化创造了人类最伟大的文化体系，这是举世公认的，中华民族是世界大家族中最具有无限内涵和精神财富的瑰丽民族。

中华民族汉文化的乃容精神丰富了其内涵,并孕育出符合本民族文化精神和审美情趣的艺术苞芽，经过历代画家不懈的努力与追求，最终开花结果完成了中国绘画的思想体系。奠定了绘画作品中的和谐与完美，这就是中国绘画艺术的深邃内涵和伟大魅力所在。我国绘事萌发于先民结绳记事、岩壁刻图，以简约图形记录劳动人民的欢歌笑语和企盼丰收中的幸福，此时的艺术形式虽然还比较稚嫩，但先民们已经能够很好地运用朴素的艺术思想创作理想中的作品，大大地丰富了现实生活，书法的完备成熟推动了绘画艺术的演进，从陶器图形到传世最早的两幅楚国帛画，其笔墨简洁，神情生动，已达到了很高的艺术水平。长沙马王堆出土的西汉初轪侯家族墓的帛画和仪仗图，造型技巧更趋完美，想象丰富。特别是漆棺上的彩绘，流云、走兽、人物的飞动，更使人难以想象和相信二千多年前的绘画技法已达到了如此生动欲活的艺术境地!我们从中感到绘画已从稚嫩走向成熟，从简约走向繁密精微，从朴素图形走进了艺术构思的王国，取舍有度，技巧完备，思想融入画境中。文献记载《鲁殿灵光赋》所描写的绘画场面是多么感人；麒麟阁的功臣肖像，又是何等逼真传神，可以说两汉的绘画为魏晋开拓了美好前景。

三国魏晋的绘画进入了艺术境地，突出的变化是从民间进入了上层社会，一些显宦士大夫都从事绘画艺术的创作和理论研究，从而促使艺术大繁荣。绘画渗入佛教艺术技法，山水画逐渐脱离人物画而自行一科，隋唐人物、山水、花鸟画都有发展，隋代展子虔擅长人物楼阁，对山水画的形成有肇造之功，盛唐以人物、宗教画盛行，所谓“唐尚新题”，出现主题创作的作品，故事画流行，山水画基本上脱掉了六朝以来尚未尽除稚气，五代则是我国山水、花鸟画灿烂辉煌的时代，花鸟从山水人物中全部分离，出现了徐、黄二体各树一帜的局面。山水受到“外师造化，中得心源”的理论指导，出现了荆、关、董、巨等大家，反映出各自生活地域的山水景色，宗派分流。两宋绘画俱趋发达，初期西蜀和南唐画院的画家集聚汴京，有李成高格，誉为一代宗师，影响深远。中期以文同、苏轼等文人为代表的开创一脉，以水墨兴起文人画派，讲求诗画统一，注重笔墨趣味，不求形似。文人画始于唐而盛于宋，是一派新枝，与宣和院体有别，成为鲜明的对比。南宋形成画院内画家，有李、刘、马、夏辈，四家中以李唐为代表，时代风格明显，后日趋程式化。辽、金两代绘画艺术承宋风沿革别有特色，元有钱选、赵松雪等主张去近而思远，扬弃院体师法唐、五代之作，文人画大为发展，后期四家完备北宋文人画派而将文人画意境推向高峰。初明承文人画之余波，有所发挥，院体兴起，中期出现“吴门四家”，文人画又跃居主流，晚期华亭派领一时风骚而明末清初遗民画家又发展了文人画，清六家抚古求文人画之美，笔墨精良，趣味可佳，然终归少生活气息，后成者相习沿承，凋零殊甚。惟扬州一派自辟蹊径，有所做为，但余脉未长。民国以来国运衰危，文化革新成海啸之势，艺事变改当是必然，以徐悲鸿、刘海粟、林风眠诸家为代表的画家集中西合璧之思想，创新格于时代，以张大千、傅儒等为代表的承延传统，有所作为。

中国绘画是世界艺坛中最具有魅力的艺术，作品以独特宇宙观反映出中国人民的伟大思想和审美情趣的追求，中国绘画其妙处在于画家心与物融，以道为核心，不做表面文章，不以视觉冲击为目的，是集道家思想、鲁家真善美、佛学禅境融汇来表达内美永恒的“大道”哲思。

陈：中国绘画根脉在哪里？怎样去认识绘画与艺术？

张：我国绘画的根脉，可以认为是本民族之文脉，根脉的问题不能解决，中国绘画艺术的方向就无法解决，弘扬就更谈不上了，这个问题是十分重要的问题，是值得我们深入研究的问题，故根深才能叶茂，艺事才能承传统而大发展，不偏离本民族艺术精神文化内涵及审美情趣。

绘事之妙，作品称雅迹者，出笔墨表现在“外师造化，中得心源”，其内涵的文化素养更需要有深邃的底蕴，从生活中来回到自然中去，这样的作品才能丰满鲜活，才能展现出传统与时代气息相融，画家所思与万物相融，笔墨与心境相融的中国绘画大哲学观。研习中国绘事首先要从读书开始，研经涉史察六朝文字，探碑书简，一一寻其渊源而后忘技得全，才可进入化境，作品反映出文孕其中、工而生逸、放而不狂、拙而不野的艺术效果，这种艺术创作才是艺术家的本色。

中国绘画艺术，有过数次变革但基本上还延续本民族文化精神依存文化脉落而发展，作品中的内美是数百年来艺术家不断追求的艺术境界。艺术的演变过程与技法的完备成熟，从岩画到帛画；从人物画分科出来的山水画独立体系的创建与辉煌；从荆、关、董、巨宗派遗传；从徐、黄格体的完备；北骨与南韵、青绿与水墨的不同；文人画意象与作家笔墨的差异；这些都是绘画艺术在千年承传过程中的不断丰富与发展，为人类艺苑创作出独具风格属于本民族艺术形式的伟大作品，这样的作品可以高标树帜传久远矣。

绘画是指物象通过笔墨来完成的，笔墨与艺术应该分开来谈，艺术离不开绘画的基本形式和笔墨技巧，二者融为一体，但绝不是笔墨在宣纸上画出物象就是艺术作品，如果这样粗浅地认识中国绘画艺术欣赏作品，那就太表面化简单化了，笔墨技法与图中涵盖的自然和谐完美的意境则称之为艺术，艺术是启迪人们心斋的灵珠，笔墨是为了人们视觉的冲击。

陈：绘画艺术的真谛是什么？其精神何在？画家作品中能表现出来吗？

张：我认为这要从几个方面讨论，艺术是推动整个民族发展过程不可缺少的重要组成部分，在文化蕴藉中形成独立体系，定民族审美之标准，艺术的真谛在于诠释民族精神社会教化，启迪人们心灵深处的道德情操和完美追求，从而达到美育之功劳。

人类现实生活中从来没有离开过艺术，艺术带给人们精神上的愉悦和生活中的乐趣，是举世共识的，一件作品无论是山水、人物、花鸟，其笔墨一定是蕴藏着本民族的文化内涵与时代精神及画家胸中所追求的审美情趣，作品中所表现的笔姿、墨韵、构图、气息，是符合民族精神独有的东方神韵，这样的作品才具有代表性，包含着民族文化在积淀发展过程中滋养人们心斋永恒的哲思。并运用这一理论来认识宇宙自然，从而回到艺术的至高境界中，创作欣赏，由技入道。

“道”是艺术家永恒追求的大目标，得道而永生，如儒家所追求的真、善、美；道家追求的无为而真；佛家追求的是舍己圆满，这些文化观不是表面的现象，是民族文化在融合发展中的精神内核，是一切艺术创作之源泉及世人欣赏艺术作品之基本审美标准。故千百年来我国画史中所记载的艺术家们都留下了具有民族精神内涵及自己独特笔墨形式的伟大作品，虽然面貌殊异，但表现出的自己人格和追求的精神是一致的，百花齐放，灿若繁星。

陈：在您学习与创作中，您最大的获益是什么？学习中有怎样的心得感受？

张：我在学习与创作中，三十年来我获益的是理论与实践并行鉴赏与创作同步，在恩师杨仁恺先生的指导下，从美术史鉴赏学起，既而临摹宋人作品，从花鸟到山水人物，在先生的推荐下转益多师，在诸多先生的教诲下学到书画鉴定以外更多的知识，为我今天的学习与创作打下了基础，所谓“功夫在诗外”。

上世纪八十年代初恩师杨仁恺先生荐，得启元白师授我音韵学及诗词创作，我对文字学有了一点初浅的认识，后来在学习中对史学考据有了兴趣，在启师仁师及诸先生指导下做了一些古籍整理方面的工作，出版了与古代书画鉴赏有关的跋文考证书籍，对我学习古代书画鉴定益处甚多，在学术研究及书画创作上也起了至关重要的作用，绘画决不是为绘画而绘画，为技法而技法，为物象而求象，为形式而形式，艺术需要多方面知识的汇集，修自然道心文境诗格才能创作，是内在的精神不是表面的图画，这是我在学习中的获益。

学习中国书画艺术感受很多，首先感受到中华民族的伟大，汉学的博大与精微，书画艺术内涵的宽广，她能从多方面反映出人文自然物象中的气机，永恒的大自然和生命的力量诠释着中国绘画的艺术真谛，千年来画史中经过无数画家和理论家不断努力，创作出许多名迹，从隋·展子虔《游春图》到荆浩、关仝、董源、巨然等宋、元、明、清诸家巨作；从徐、黄异体至今日画坛，立意思考审美追求，笔墨设色景象悸变，松壑溪水构图倚正，兰香露重气韵生动，包文蕴史诗画异境，画家随时代而迁变振叶寻根汇成了画史篇章，作品展现社会之进步，人类之追求。

陈：中国绘画艺术的基础在哪里？是什么？

张：艺术的基础要从几个方面来讨论，什么是艺术基础？我们必须要清楚，这个问题关乎着画家是否能修成艺术家，首先我们要清楚画家与艺术家的区别，如同技与道的区别，画家的作品以技胜以能入俗目为美，内涵少不能表现出本民族文化精神艺术真谛及作者真、善、美的内心追求。

艺术的基础除了对笔墨技法要求外，还要从构图敷色造型上锤炼，达到心与物融与造化同根，求心、目、手为一体，这样还只能说是技不能论其全面，艺术的根基除技法外主要在于对民族精神的延续，文脉的继承，树立赤子之心以我为炎黄子孙而自豪，用热爱祖国母亲的挚诚之心热爱绘画艺术，解读民族历史与文明，这样绘画的基础就奠定了，笔墨的事情也就会很好的学通了，创作出来的作品风姿多彩、格调清新，或万紫千红，或独树一帜，是自然的，其画格也就能表现出民族之格了，这样的作品我认为才可论之为艺术，其内涵才能诠释民族绘画真谛与艺术之魂。

艺术家首先应该是一位大哲学家、鉴赏家、书法家、金石家、史学家、文学家、诗人，全面修养作品才能达艺术的标准，艺术涵盖本民族文化精神内涵及艺术家追求的民族审美观及自己的审美情趣，这是艺术创作的基础。

艺术家要从这些方面研究探讨，完成艺术创作，才能留作品添例画史。

陈：今天请教您关于绘画传承的若干问题，学生在学习中会遇到哪些问题，如何认识“传承”二字的重要性？

张：自古以来师道传承是老师在教学过程中最重要的一种教学方式，学生在学习中求道解惑，锤炼学问，培养胸怀，念天下苍生而忘己，报国求真不知暮雪霜发季轮所移，故师者行教于圣贤道，布天下之大礼，承者慧悟师心，旋即求民族之精神，小则利家，中则治学，大则兴邦。

绘画所传承中的若干问题亦如我上述所谈的内容，承者在学习中首先要从那几个方面学习进而深入研究，这是学习的要领也是治学从艺创作之门径，绘画学习技法是易事，我认为承者首选要认真地了解我们伟大民族的悠久历史及古代文明，研习诸子经史，探求东方哲学，高度地理解汉文化博大精微的内涵，树立热爱人民、热爱祖国、热爱民族的赤子之心，这样学习本民族优秀的文化艺术便有了铸基。

学生在学习过程中今与古别，古人在继承学习中有着天然的学习环境，时代与社会孕育了学生对绘画艺术学习的认识，从读书始入画业，从书法始入技法，以诗书养画笔，所写图画与造化同根，物我相融又能内藏书卷气象，冲淡恬静韵味清和，形成了道自然而技本立的法则，这种学习方法与艺术实践符合古人所追求的时代艺术思想与审美观点，今天我们在继承学习中同样也有优势与不足，其优势是出版业的大发达，法书名画各种版本的印刷，无疑为今天学习绘画艺术的学子带来了得天独厚的优越条件，在学习中看到下真迹一等的作品，其学习条件是古人所不可想象的。但是不足的是今天学习的先天条件不好，我们对民族文化遗产继承得太少，不甚理解。古人讲的通学今天已无几人能登堂入室了，对伟大民族优秀文化不能诠释认识，何谈民族艺术创作之内涵。

师道不能传，承者又何谈继承，更谈不上发展与弘扬了，这个问题是很重要，关乎着民族文化的兴衰，进而影响到中华民族未来的命运，不能不引起重视，所谓“蝼蚁之穴可溃固堤”。在传承学习过程中传者与承者都要有一个远大的目标，学生在求学中要不断地树立起士人的胸怀，放眼天下承载历史担当社会责任，这便是从继承到发展到弘扬的文化过程，也是艺术家的成长过程，是师者、学生及社会不可忽视的传承过程。

陈：画之传承，首先要先从哪几个方面入学，在学习过程中要追求什么？

张：我国民族绘画艺术，其内涵包罗甚广，绝不是单一的笔墨问题，我多年来执掌教习，在不同的场所做各种学述报告及访谈中都一直高呼，宣扬学习中国绘画艺术绝不是简单的，而要从“通授”“通学”开始，只有通学才有可能成为艺术家，才能为民族绘画艺术的延续与发展做出卓越贡献。

“通授”“通学”我在上周的访问里谈过了，这周还是不厌其烦谈这个问题，“通学”是绘画艺术创作的原始积淀及笔墨基础的最终完成。其意义深远，为学习者不得不察，“通学”不但是笔墨的基础，更重要的是滋养艺术家的心斋，心斋决定艺术家的心灵与心境，心境决定艺术家创作作品的格调，格调则能反映出作品的内涵，内涵中孕育着伟大的民族精神与

宋 佚名 溪山水阁图（局部）

艺术家心灵深处真、善、美的追求，这便是艺术的真谛，也是学习艺术的开端。

从哪几个方面入学，我想还是先从文化学习开始，继而从书法演画法，到大自然中去感受万千灵妙，与造化同根万物相融才会精进笔墨图妍春暖，我认为这种学习方式是必要的，也是在继承学习中的稳步途径，功夫打牢了，随着对大自然的认识与理解及对艺术理论的研究，技法的问题就可以解决，就为创作奠定了基础。

张继刚

1966年2月28日生，辽宁营口人。毕业于鲁迅美术学院国画系、辽宁师范大学中文系，师从一代鉴定宗师杨仁恺先生近三十年，与刘海粟、启功、谢稚柳、王己千、王方宇等艺苑宗师多有过从并得诸先生教诲。出版《张继刚画集》《张继刚花鸟画集》《明清近现代画家丛书·张继刚卷》《沐芦草堂论书画》《艺苑弥珍·古代书画鉴赏》《沐芦草堂文集上下卷》《海派蒲华研究》《沐芦草堂书画跋记》《沐芦草堂丛稿》《蒲草集》《沐芦草堂诗、词、韵语三卷》《西泠问话·张继刚卷》。

学人书画之

王伯敏

1924年生。别名柏闽，笔名[illegible]，斋号半唐斋，浙江台州人。中国著名美术史论家、画家。

1946年2月，考入上海美术专科学校西画系。1947年毕业于上海美专。后赴北平艺术专科学校研究所深造，既是徐悲鸿的研究生，又是国画大师黄宾虹的弟子。1948年秋，王伯敏北雁南归，任温岭师范学校国画、语文教员。1952年夏天，调任浙江美术学院（今中国美术学院）执教。

现任中国美术学院教授，美术学博士生导师，敦煌研究院兼职研究员，杭州画院名誉院长，杭州市美术家协会名誉主席。

1993年在黄宾虹研究会第五届年会上与张仃一起进行书画活动

王伯敏的诗与画

撰文：潘天寿

“……现在做诗，老一点的还有，新一辈的好像上不来……以前苐之到重庆，我要他去教诗、教题跋，他不去。他说学的人基础没有，教起来太吃力。所以说我们老一点的也偷懒。现在搞画理画论的不懂诗，太不应该。我们学校的王伯敏，他倒会做诗，还算一点厉害的……伯敏的诗，清是其特色，平中出奇是其难能可贵处。我在他年岁时，远未所及……从前有些文人，看来好像狂，其实是他们率真的表现。天启时，长洲陈明卿，整天与画画做诗的人喝酒、游山。他把文章比作山水，把评论文章的人看作游人。记得他还说，‘文字之佳者，犹山水之得风而鸣，得雨而润，得云而鲜，得游人闲懒之意而活者也。’我以为一张画，有时凑上一句或一首好诗，也像山水得风而鸣，得雨而润……画不足，或画之所不及，可以用诗去补足，不会做诗的画家，拼命在画上雕琢，反使所画不自然，这是不会做诗的画家吃亏的地方……”

（陶一水《记画师潘天寿谈诗论画》，文载1961年12月9日香港《华侨日报》）

“山水以苍茫浑厚为难。吾见伯敏此帧是得苍茫浑厚者，至为难得。寿题”

（1963年春，潘天寿题王伯敏《雁荡双笋峰图》）

“王伯敏先生算厉害的，能作画，又有写诗，眼下青年人中不可多得。王先生写画论，却能画。目前许多美术理论家不会画，所以王先生论画论得有尺寸，论得贴着理。”

（1965年3月17日潘天寿在上虞与周一平等谈话时提到，由吴绍珍记录并转告。）

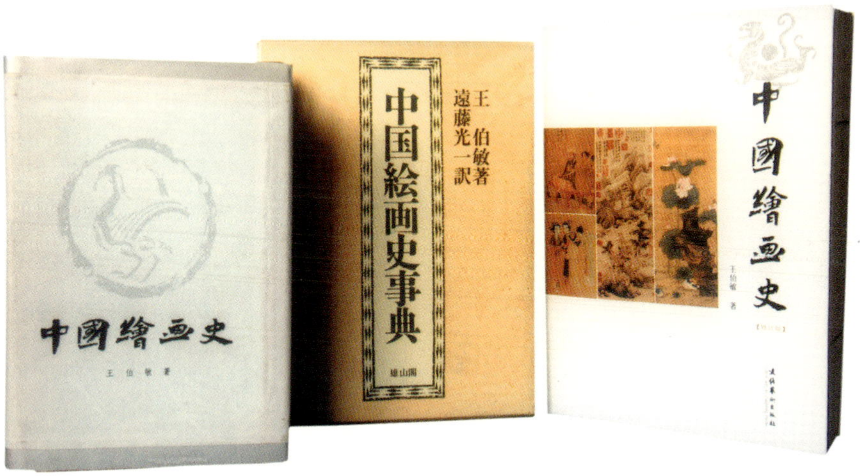

中国绘画史初版、日本版、再版　王伯敏著

王伯敏的绘画史初稿

撰文：潘天寿

“王伯敏先生能写出这部《中国绘画史》，这是不容易的事，首先要读大量的书。王先生平日非常勤奋。

王先生对古代重要画家选得准确。他对‘八怪’的议论，论的好，比较公允，我与苇之意见相同。写历史如写状纸，要重事实，判断要公允。王先生的年龄算较轻，但是对待画史的著作，他是老成持重的。”

（1962年3月12日潘天寿在杭州饭店讨论《中国绘画史》初稿时的发言。由沈礼煌记录）

“作画要有才气，著作也要有才气，写出一本有相当厚度的《中国绘画史》，大体上能立得住，这就不容易。王先生有才气。

目前，除了我们几个（包括俞剑华、史岩）写过的中国画史外，新的中国画史还没有。王（伯敏）先生的这部稿子是唯一的了。王先生是可畏的后起之秀，你们看，我的话是不会说错的。”

（1962年3月17日潘天寿在杭州饭店讨论《中国绘画史》初稿时的发言。由沈礼煌记录）

王伯敏　白岳夔崖村　纸本设色

王伯敏　山水　纸本设色

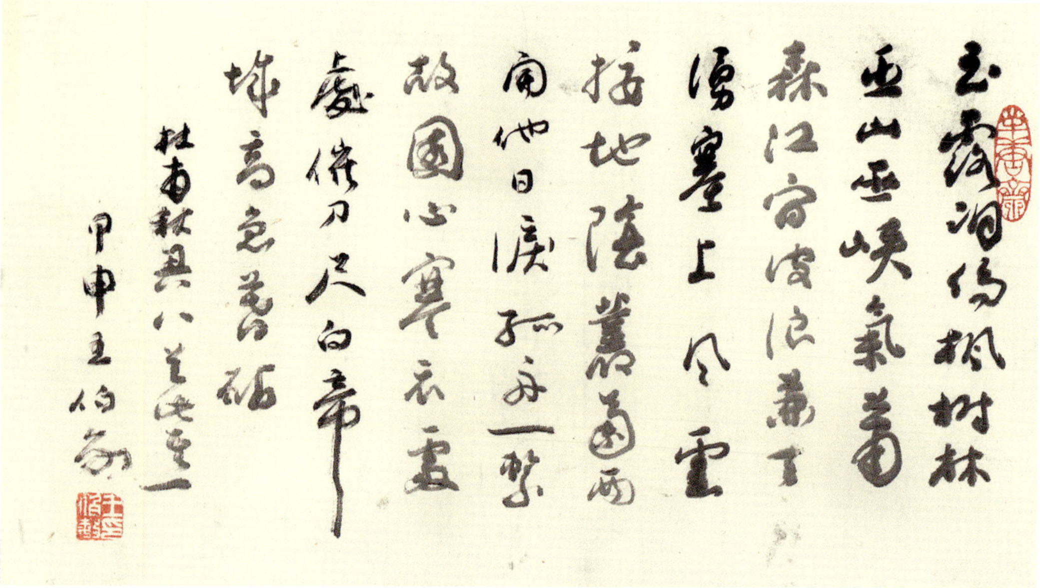
玉露凋傷楓樹林
巫山巫峽氣蕭
森江間波浪兼天
湧塞上風雲
接地陰叢菊兩
開他日淚孤舟一繫
故園心寒衣處
處催刀尺白帝
城高急暮砧
杜甫秋興八首之一
甲申王伯敏

王伯敏　夕阳　纸本设色

看伯敏画，听伯敏琴

——天风阁学词日记节录

撰文：夏承焘

1945年3月9日："过伯敏看画，甚高秀。"

1945年4月6日："过伯敏，看作画，颇跃然欲学山水自娱。夜在陈适处，听伯敏弹琵琶。"

1945年4月27日："夕，与陈、伯敏、内子步至第一桥待月。闻昨夜雨后月出极皎洁，惜天五匆匆出山矣。"

1945年5月6日："早偕妇及松祺、伯敏、祥和并学生五人登百冈尖。自方洞上冈顶，共行4小时，约20余里，樵经有颇险者。俯视观音峰、纱帽峰、枕龙湫背及莲花洞，了了可辨，江海浩瀚，天风振荡，气象无限。……午后2小时下山，来往六七十里，腰脚不疲，就寝不寐，起读山记一条。"

1945年5月13日："早四五时即起，往游雁湖。6时发足，经马鞍岭、东岭至鸣阳洞观罗带瀑，才9时半。稍息饮啖。10时半上雁湖，12时半到顶。路比百冈尖易行，亦较短，然亦颇劳惫。同行诸君，互为谐笑，欲以忘疲。行荡中，水草甚软，试以手杖，及半即止，他处亦然，疑湖底为石坦，故积雨不洩。一时下岭，观龙溜及湖南潭，经佛头至南阁，上马家岭已6时，以半小时到岭顶。下岭已昏黑，过真际寺，不能辨径，借灯不得，幸校工送灯至，乃安稳到校。是日周行一圈，翻四岭，计程不下百里。予上下雁湖及马家岭，皆未坐息。陈适初颇畏惧，予强之，亦不甚倦。同行陈适、赵克文、祥和、松祺、伯敏、天民尊人及学生二人。夕，天民宴克文，邀同游诸君作陪，各得醉饱。中、苏、英、美盟国定今日为欧战胜利日。有此胜缘，亦难得也。"

1945年5月26日："午后与陈适、伯敏、松祺经大龙湫看夜景。过灵岩，希焘、禹石邀夜饭。5时窬马家岭，6时抵龙壑轩。久旱龙湫瀑甚小。初更浓云满空，圆月一现即隐，初甚失望。夜9时，携灯看杜审言题名石，实仅审言来三字，细审石迹，了无杜字，又无年月，山志推为杜字，实不可信。时云渐开散，沿石壁隔瀑看月，神态无限。伯敏、松棋持伞行瀑中，寒不可忍。阅表已10时半，月亦复隐，乃就轩入寝。夜梦于右任告王陆一遗事，此涉想不及者，甚奇甚奇。"

1945年6月6日："山间尚甚凉，伯敏自温岭归，谓已大热，终日挥扇。"

1945年6月8日："接龙泉浙大路季调函，寄来下学期教授聘书，月薪460元，任期8月1日至下年7月底。晚与陈适、伯敏同行至壁霄峰。"

1945年12月1日："午后与伯敏过心光画苑看书画，见郑曼青小幅数纸极好。此君画必传，惜其近年行医练拳，不专为此。当作书劝之。"

1946年4月12日："得王伯敏上海书，问黄石斋字。"

1947年3月12日："王伯敏自上海来，问习艺与为学，拈放翁一理苟造微，万事等破竹二语告之。适一托伯敏持赠弘一大师年谱一册，临睡开一页视之。弘一39岁，自念今年48，过弘一出家之岁十年矣，吃紧为人，吃紧为人。"

（节录《天风阁学词日记二》1945年3月至1947年3月，浙江古籍出版社1992年7月出版。）

王伯敏　宝剑梅花联　纸本水墨

王伯敏　岱岳云烟　纸本设色

卢禹舜　柬埔寨写生——走进吴哥　30.5×45cm　纸本设色　2004年

名家访谈 之

卢禹舜

文化际遇与个人选择

——近访山水画家卢禹舜

采访人：温美玲
受访人：卢禹舜
时　间：2013年9月3日
地　点：中国国家画院卢禹舜院长工作室

卢禹舜

1962年5月15日生。

现任中国国家画院常务副院长，中国艺术研究院博士生导师，哈尔滨师范大学副校长。中国美术家协会理事，中国画学会副会长，获第二届『全国中青年德艺双馨文艺工作者』荣誉称号，中宣部四个一批人才，有突出贡献优秀中青年专家，享受国务院政府特殊津贴。

温美玲（以下简称温）：卢老师，我知道您很早就成名了，是一位早慧的画家，除了您超人的天分，是否您家乡的环境生态，也对您艺术修养的胸襟气魄，产生过重要的影响？

卢禹舜（以下简称卢）：“一方水土养一方人”。任何一个艺术家都或多或少地受到他所生活、生长的地域的滋养和影响。我是生在黑龙江，长在黑龙江，应该说对黑龙江这片土地，有着非常深的感情依恋。最终我能够选择山水画，作为我表达情感的一种方式，实际上和我对黑龙江这块土地本身有着深深的感情，有着直接的关系。就我本人来说，在这块土地上行走或感受这块土地的同时，也确确实实激发了我很多创作上的灵感。当我走进自然，当我亲近自然，甚至当我闭上眼睛，体会这种感受的时候，我能够真真切切地感受东北这片土地，或者说自然，那种造化的机锋，它激发着我，使我在自然当中，更能够真正感受到一种超越于自然的东西，在精神上，能够有一种更高层面的把握。

温：您一路走来，从在哈尔滨师范大学那时候开始到现在，都担当很多行政职务，同时您又是画家，不断地出作品，开展览，让人钦佩您的精力超人，同时又让人很惊讶：现在有些有行政职务的画家，画画总让人看出画外因素的干扰，画里缺乏深层的精神状态，而您尽管行政事务不少，但您的画给人的感觉却很静，不但不浮躁，还让人从您的画里品读出美的意境。您是怎么协调画里画外的不同状态，才做到一以贯之地画好您的画？

卢：其实，人的精力都是有限的。身担双重社会责任：既是画家，又是文化单位的管理者，承担一定的行政职务。在艺术创作和艺术管理，个人追求和社会理想之间多少会有矛盾或至少是相互影响之处，尤其行政工作责任重大，头绪多，占用的时间和精力也比较多。而画家又往往需要一个相对清静、安静的自我创作环境。但是，中国画尤其山水画不仅需要人具备一定的品性、心性修养作为前提基础，它同时也具有潜移默化颐养、沉淀人的性情、心境的作用。如果说我的作品确实让大家感受到一种“静”、美的意境的话，那么，我想，一方面，是我在繁忙的工作和生活之中，用山水画的方式来表达，对这样一种“静”的生存状态的理想诉求；另一方面，也是我在山水创作的过程中，在中国山水自然观的熏染下，有意识地去努力营造一种令人可游可居的诗意的精神家园。

温：我听熟悉您的朋友说，您画画有个习惯，您开会、参加活动应酬，不管有多晚，您都要画上几笔才能入睡。在您繁忙的工作和生活中，好像总是有一幅未完成的画在那里等着您，只要您稍有空，您就会见缝插针利用时间把这幅画画下去。所以您有不少画的完成，其实时间的跨度很大，它也可以说是在时间断断续续中画成的，但让人吃惊的是，画成之后却丝毫不让人感觉画的支离破碎，还是感觉一气呵成，很完美。这是一个让人非常吃惊的本领！据我了解，许多画家都做不到这一点。而您能这样超常态地卓异发挥，有些什么心得能与我们分享吗？

卢禹舜　柬埔寨写生——吴哥之路　30.5×45cm　纸本设色　2004年

卢禹舜　柬埔寨写生——岁月的容颜　30.5×45cm　纸本设色　2004年

卢：其实也谈不上什么心得，完全是个人的兴趣和习惯。因为我从小就特别喜欢绘画，进入到自己理想的艺术学府不断深造，也是在个人兴趣的推动下，一点点努力去实现的。我相信，确实有为艺术而生的人，这样的人，画画对于他就像氧气，如果你不让他进行创作，他会失去生活的最大乐趣。在我的生活中，画画占了最大的比例，可以说除了吃饭、睡觉和公务时间，我基本都在画画，包括像春节这样的节假日。我习惯于画完一幅作品后，在休息前，再铺好一张新画纸，在上面画上几笔，这样就总在提醒和督促自己明天还有未完成的作品要继续，不能偷懒懈怠，同时，也事先为自己的新作品铺垫了思路，等到继续创作时就比较容易得心应手了。

柬埔寨写生

温：我们了解，当年’85新潮涌现了一批画家，您也是其中的佼佼者。当时’85新潮受外来文化影响，不少画家都追求现代创新，但随着时间推移，近30年过去，当初’85新潮那一批弄潮儿，有不少现在已难以为继，江郎才尽。而您，从早年到现在，既保持了对色调、铺染等独有技法的延续，又从形式创新转而将创新与传统精神的深层追求相结合，不断开创一个又一个新的系列，一新世人耳目，令人刮目相看。对于传统和创新这个中国画永远的矛盾命题，您是怎么看的？

卢：时代的历史文化际遇是任何一个艺术家都回避不了的问题，它也从某种程度上造就了个人的成就得失。当时，中国各界，包括美术界都面临着西潮的冲击，中国画的前途、命运成为一个备受关注、颇受争议的焦点问题。大家的初衷都是好的，想学习西方，对传统的文化、艺术、思想各领域进行现代性转换。但由于这种愿望太迫切、太强烈，也有些急进，使得当时我们卷入一种盲目吸收西方，对自己的传统妄自菲薄的误区。当时，作为青年画家，我也经历过心理挣扎和冲突，盲目接受、迷茫困惑、尝试探索、以新为美这样的阶段，我也都有过。对于未来的方向虽然有自己的一个判断和体会，但还不能完全肯定，处在一个徘徊的关节点上。后来，我重新翻开了厚厚的传统，再次深入进去，重新发现和感悟到中华文化传统的博大精深，经历了重回传统的滋养之后再次面对西方去借鉴吸收的时候，自己的方向就逐渐明晰了，也丰富和拓展了自己的创作风格。我想传统是我们的精神血脉，是我们五千年文化的精华，是中国画得以生长和生存的基础，也是中国画独特艺术风格的底气所在，到什么时候，都不能丢弃，必须不断学习和深入探究，坚持对优秀的民族文化的继承不动摇。同时，传统又是一个不断展开、充实和丰富的开放系统，需要发挥我们民族兼容并蓄的文化胸怀，在传统中赋予新的时代意识、现代视角，引入各种更适应时代需求和感受方式的表现形式，包括西方的也包括民间的。坚持文化创新借古开今不能变，坚持与时俱进、广取博收，丰富、充实优秀民族文化艺术的观念要加强。总而言之，不论艺术家选择哪一条道路，都要坚持中华民族的文化精神，都要保持艺术应有的真、善、美的品格，都要遵循“外师造化，中得心源”的创造原理。传统承载着五千年文明，好比是人体的大动脉，创新是传统与时代、一元与多元的视域融合。这二者缺一不可，良性循环，才能充满活力，

卢禹舜　柬埔寨写生——古城逢春　30.5×45cm　纸本设色　2004年

更加健康茁壮地成长。

温：中国画家对于题材的把握，既贵在坚守，也贵在适时转换。一个中国画家如果没有定力，老是转换题材，打一枪换一个地方，那他肯定搞不深透，形不成自己成熟的面目。看来您在坚守题材上很有定力，像您最早的系列“静观八荒”，二三十年过去了您还对它耿耿于怀，又延伸发展成“天地大美”的系列；而您的“精神家园”系列，可以说是山水画发展的丰碑，既有传统山水精神的承传，又有您个人色墨辉映的灿烂面目。从“静观八荒”“天地大美”到“精神家园”，可以看出您个人技法延续的深厚积淀。而您的“河山锦绣”和“彼岸理想”系列，则可以看出您新的开拓尝试。能谈谈你对题材的坚守和转换的独到体会吗?

卢：我觉得艺术的发展有它自身的规律，个人风格的形成，题材的选择、确定和拓展都受到这个规律的影响。在题材的拓展方面，这既是我进行艺术创新的一种尝试，同时，也是我个人艺术发展自然而然形成的一种轨迹。

比如，以前，我的作品基本上有两大类：“静观八荒”和“唐人诗意”。前者是对宇宙世界的宏观关注和哲学的思考，意境上追求崇高、神圣、宁静、完美，目标是通过静观八荒而达到八荒通神；后者是对内心世界的微观探寻和对传统文化精神内涵的进一步把握，追求惬意、恬淡、闲适、幽静、深邃、旷远，目的是呈现天地万物于一体的和谐自然。由于我对写生实践的长期重视和探索，后来又形成了表现国内写生的“河山锦绣”系列和体现域外题材的“彼岸思想”系列，再到后来，基于我对天地人三才和谐的理想大美境界的追求，又形成了“天地大美”系列。这些都是我内心对人生认识、理解和感受的本真流露，是自然而然形成的东西，不是强求或刻意所得。

温：去年您的大展和研讨会，是您对数十年从艺的全面回顾。我看到专家学者对您的艺术成就评价很高。有位专家从美术史研究的高度评价您的画，认为元代赵孟頫把中国山水画引向重“写”轻“染”，元明清山水画在他倡导之下，差不多都转到了重笔墨写意、轻染色的道上，可以说元明清山水画都不讲究色调，几乎可说是一个色调。而您的山水一个明显特点，就是重视染色，重视色调。所以这位专家认为，如果说赵孟頫是把中国山水画引向重“写”轻“染”的一个“扳道夫”，那么您可以说是把山水画引向重视色调染色、走向现代的一个“扳道夫”。我知道，要做美术史上这样一个“扳道夫”很不容易，需要有深刻的绘画思想和精湛的独创技法做支撑。可以给我们谈谈您在这方面的探索体会以及曾经有过的探索苦恼吗?

卢：在去年我的个人展览和研讨会上，很多专家赋予我很多美誉，我非常感谢各位专家对我的肯定包括溢美之词，我个人感觉压力很大，但也有了更大的动力，各位专家的评价其实是我今后要努力的方向，前进的目标，我会更加努力地画画，尽我所能多出好作品，不辜负大家的厚望。我没有想过是否会成为美术史上“扳道夫”式的人物，但我知道以我的勤奋和创造多出精品力作，尽可能为中国的美术发展尽我绵力，是我一生不变的梦想和追求。

温：一个艺术家的修炼成长，就好像在攀登高山，要攀爬到一定的高度非常不容易，“看似平易最奇崛，成如容易最艰辛”，您能达到今天的成就难能可贵，可以想象，今后您爬的山会更高也更艰难，您的卓智和超人毅力，相信会助您不断探索开拓。

卢：谢谢你的夸赞和祝福！如果说有成绩那也是社会的给予，个人努力固然重要，没有机会和条件也是不可能取得的。具体一点讲，黑土地养育了我，各级党委政府和领导也都给予了我很多信赖，师长、亲人、朋友给予了很多支持和帮助。在此我也要向多年来信任、关心、爱护、支持、帮助过我的领导、老师、同道、朋友和亲人表示深沉的敬意和诚挚的谢意!

卢禹舜　柬埔寨写生——昔日的辉煌　30.5×45cm　纸本设色　2004年

卢禹舜　柬埔寨写生——历史的陈积　30.5×45cm　纸本设色　2004年

当代画派研究
之
新浙派

张伟平

张伟平　漓江夜色　纸本设色

张伟平

1955年生于桂林，祖籍永福。

1984年毕业于浙江美术学院国画系山水专业，获学士学位。

1995年获副高职称，1997年毕业于中国美术学院国画系山水研究生专业，获硕士学位，并留校任教。

2002年获教授职称，现为中国美术学院国画系教授。

谈中国画家学习中的烦恼

撰文：张伟平

中国画家希望画好画，这便首先有了一个意愿。而由于种种原因达不到这个意愿之时，就会产生不自在；当不自在存于画家的内心又得不到化解之法时，画家就会处于一种恍惚无明的状态，这种状态下的我就是“烦恼的我”。所以，画家感到不自在是常事，它对于画家的学习进步并不起决定作用。重要的是，找出这个使你达不成愿望的原因。比如，当我们要学习名画中的经典技法时，如果你对这些法式没有研究，在经典面前就等于将自己陷入一种无明的状态——这是因为你对经典的感知力量弱小的缘故。当然，如果对此类因无明而产生的不自在处理得当的话，是可以不产生烦恼的。但是如果你硬要借自己弱小之力，横闯壁垒森严的经典之作，那只能有两种结果：头破血流，自寻烦恼。或者，自欺欺人，只得皮毛却自以为掌握了经典，虽然能暂时不产生烦恼，但烦恼之源仍在。我想谁都不愿落入其中之一。避免这种窘境的方法只有一个，那就是增强你的感知能力。这样，话题就又回到了怎样增强感知力上来了。

圈内很多人都认为这种感知力是先天的，因此，就有了感觉好与感觉不好的分别。长此以往，学习的长期性和艰苦性就被忽略了。不久前我也向我的导师童中焘先生问及这个问题，他说“举一反三能力弱的人，最好不要涉及这个领域”。童先生的话引起了我的思考，“举一反三”靠的是“思”的能力，“思”不是胡思，它依托的是知识经验。善“思”是一个中国画家学业进步的必备条件，但这里必须指出三点：一，“思”所依托的知识经验不同，“思”所显现的成分价值会有所不同。二，“思”的结果是认知上的突破，而突破力量的大小直接由知识经验的深浅程度所决定。三、“思”的结果将直接决定你会采用哪

张伟平　秋雨乍晴　纸本设色　1992年

张伟平　山水　纸本设色

张伟平　秋山夕照　纸本设色　1980年

种学习方法。比方说我们读宋代郭熙的代表作《早春图》，能很容易就感应到画中溪山冉冉升起的岚气，早春时节的滋润等物性的变幻，那是因为在生活中我们体验过相似场景，具备了分辨这类物性的知识经验。但是对于郭熙画中笔精墨妙的品味，就不是人人都能感应到的。想要感应到它，就得具备相应的笔墨知识；如果没有，就得学习；不学习，就不能真正认知这幅名作的价值。如果你的“思”得出了上述结果，那么你的学习就可以回归到掌握笔墨规律的正确道路上来；如果你的“思”依托的是表现物性的知识经验，那么你就会发现自己的画法与物质性表现上的差距，为了缩小差距，你的学习方法也会作出相应的改变。

具备以上认知，我们明白了画家的感知力是要细分的，不同的知识基础，支撑着不同的感知力，而学习是增强感知力的唯一方法。通过学习，你可能会依托新的知识经验进行认知上的突破，而这种认知就会要求你的画法发生变化。有了能保证新愿望实现的法式，画家作画就能如愿，烦恼也将离你而去。当然，中国画家还须掌握一个原则，就是不同类别的烦恼需要增强不同类别的知识经验才能祛除。掌握笔墨规律是解决笔墨体格并以此为依托去感知更加深厚的中国画内涵的正确途径，也是消除你在此中烦恼的主要途径。如果我们对此理产生误判，那将影响画家的整个艺术人生。

张伟平　漓江春色　纸本设色

张伟平　夏忙　纸本设色

张伟平 秋色 纸本设色

张伟平　暮归　纸本设色

当代画派研究

之

新浙派

何加林

1961年4月生，杭州人。1988年毕业于浙江美术学院中国画系山水专业。获文学学士学位。1998年毕业于中国美术学院中国画系山水专业，获文学硕士学位。2004年毕业于中国美术学院中国画系美术学专业，获博士学位。

现为中国国家画院创研部副主任，中国美术学院教授，博士、硕士研究生导师。中央美术学院客座教授，系中国美术家协会理事，中国艺术研究院特聘研究员，杭州市美术家协会副主席，杭州画院副院长。

自语

撰文：何加林

学习中国画，因有『传统』二字相随，许多人以为是背着『包袱』爬山，谁背得越重，而最后又能到达山顶者，方能有大成就。我曾以为，学习中国画，犹如背着沉重的枷锁跳海，须在极限时间里挣脱，浮出水面者，方能脱胎换骨，有所成就。

说传统是『包袱』，并不为过，没有背着包袱去爬山的人比比皆是，背着包袱去爬山的人就少了，而背着包袱去爬大山的人就更少了，说传统是『枷锁』似乎耸听，没有背枷锁的人去跳海，谁都浮得上来，而背着沉重枷锁能最后挣脱浮出水面的人，恐怕百年内才能出几个。

现在我以为，学习中国画未必那么沉重，犹如早晚洗脸、刷牙，洗涤污垢，去除尘俗而已。

与学生在写生途中

与研究生在吴堡古城废墟

与学生在巴黎圣母院

与研究生在比萨

以非经验的名义

撰文：何加林

不会用更多的时间去读懂自然山水中的一草一木，就不会把瞬间的情感留在永恒。

常常，你看别人的画，或别人看你的画时，大家所作的批评总是如此的熟悉和相同，别人一开口，你就知道想说什么，并且在乐于接受别人批评的同时而获得谦虚的美誉，这种现象好似催眠术，麻痹着我们接受新事物的抵抗力，使我们被动和谐于一个永被设定的经验时空中而沾沾自喜。

我们的审美何以变得如此苍白和脆弱?因为，我们作画总是为别人的意志所驱动，我们在乎一招一式的传统出处，我们在乎艺术风格的时尚流行，我们在乎大展中评委和公众的眼光，我们在乎扮演画廊老板纯熟烹饪中的一道精美菜肴，可以说，我们的理智泯灭了我们的天赋，我们作画只是为了某种规则，而忘了自己是规则中一匹自由驰骋的骏马。我们丧失了太多表达情感的机会，并以牺牲天性为代价，为自己精心构筑了一个众人赞美的樊笼，在里面嘲笑外面的世界。

近年来，我画了一些水墨写生，面对自然山水，我有一种挣脱牢笼的自由感，我常常从早晨画到日暮，只为在枝头上抹上那么一点朱色，也常常和着细雨，让濡湿的宣纸幻化出云蒸霞蔚的万千气象。此刻，任何经验和规矩都毫无意义，面对大自然，你只需要虔诚。

“我们认为自然界的美比艺术作品的美先发生，……若不偶然经过艺术创作的某些过程，自然界的物体难道还是美的？”——[法]·柏格森。无疑，自然山水具有无与伦比的魅力，这种美一定先于任何经验之中的艺术形式，反过来说，艺术的经验是通过对自然山水偶然创作的过程中而产生的，并使自然美从物理层面升华到精神层面，这也是艺术具有无与伦比的魅力所在。我们在创作中习惯了别人的喝彩，也就习惯了别人的经验，久之，我们忘记了艺术经验的原创，而剩下的只有经验。

水墨写生是一种创作方式，是一种非经验的创作。但许多人只把水墨写生看作是素材搜集的手段,许多人在画水墨写生时总是带着某种先入为主的模式，这其实是一个美丽的错误。如果我们并不在乎时下主题创作所带来的那种病态，就会发现摆在面前的方寸天地，也同样令我们激动不已，如果我们把水墨写生仅仅看作是一种素材，那么，我们就不会用更多的时间去读懂自然山水中的一草一木，就不会把瞬间的情感留在永恒。如果我们把水墨写生仅仅作为自己早已约定俗成画法的重复，我们就不会在自然生命中去获取原创，就不会忘却已往的经验而脱胎换骨。

水墨写生是创作，有许多人不理解，因为是写生，尺幅就不大，有人认为画大画才是创作。艺术的作品以大小论吗？这是十分困惑的问题，是否因为社会的价值观被功利所置换，所有艺术的概念也须以尺寸来度量？所谓:画画像种田，一张接一张，画家卖画以尺寸论，搞创作也以尺寸论，如果灵魂可以丈量，是否也有人愿意出让呢？艺术最忌与功利比邻，某人画大画，是因为大画适合他当时的心境，某人画小画，也是因心境而转，创作贵在过程，又岂在大小呢?

到自然山水中去创作，一个十分平常的举动，却成为我们为了冲破樊笼以非经验的名义，重新拾起尘封已久之画板的理由。

何加林　李家山写生　45X69cm　纸本水墨　2012年

恬淡、冷僻、清幽、古雅中甚至还流露几分哀怨。这里看出了江南孕育出的心志，可谓『尽精微』也；而『惜墨如金』，亦把人带回了另一个时代。墨，还有这般多彩韵致。非墨非幻，亦墨亦幻。

——陈醉

水墨写生是一种创作方式，
是一种非经验的创作。

何加林　江口对望　50X58cm
纸本水墨　2008年

芙蓉江位於
重慶江口古
鎮之游其
時通纖之者
後因水庫
蓄水築大
壩於是下游
故其水位升
至山腰其
兩山筍拔之
險已難見
其貌耳
戊子三月

古意与旧气

撰文：何加林

提倡古意，首先要弄明白古意的真正涵义。

十几年前，中国画坛时尚创新风，每画一幅作品，首先要看画法是否出新，观念是否出新，技巧是否出新。于是乎，玩画法的，以素描、油画、版画入画，便以为是新；玩观念的以哲学、宇宙、抽象入画，便以为是新；玩技巧的，以制作、肌理、材料入画，便以为是新。如此种种一时风靡。创新本无过，但未界定何为创新，便一味跟风，自会弄巧成拙。中国画的艺术水平主要体现在艺术格调、笔墨境界与文化修养方面，好的作品自然也暗含着好的艺术。这就是“技近乎道”。一味地在技术上玩花样，在观念上标新立异，而忽略自身品格与文化的培养，即使偶尔在全国美展上获了几个大奖，不久也会江郎才尽，走不远的。现在我们回头看看，这些例子还真不少。

再说新的东西未必就好，历史上很多好的东西都是经年累月形成的，并非突发奇想一时挥就。画画仅仅为了图一时耳目之快，并且为了迎合别人的口味，功利地去画，这种创新只能是昙花一现。

近年来提倡创新的人少了，讲古意的人却越来越多，古意又成了这一时代的时尚。说来也怪，我在有学养的老先生那里很少听见有人谈古意，反而是一些年轻的画家，动不动就谈古意。难道每个时代都要提出什么口号，才能出好作品吗？就像前些年人们还没有搞清楚什么是创新，就一味地跟风，结果什么也没画出来，就糊里糊涂地来到了古意时代。再看看近年来的作品，真正体现出古意的好作品有几件？一眼望去，满目旧气。

元代赵子昂云：作画贵有古意，若无古意，虽工无益。意思是说，画画的重要之处在于古意，如果缺少古意，画的再工整也无济于事。在这里，我们看出两个问题，一是赵氏提出古意，却未说明古意是什么；二是“虽工无益”必有所指。赵氏又说：今人但知用笔纤细，敷色浓艳，便自谓能手。殊不知古意既亏，百病横生，岂可观也？至此，还是没有说清楚古意是什么，倒是把古意相对的弊病“用笔纤细，傅色浓艳”作了批评，并把矛头直指“今人”。紧接着赵氏出语惊人：吾所作画，似乎简率，然识者知其近古，以为佳。此可谓知者道，不为不知者说也。原来，赵松雪所谓的古意，弄了半天只有“简率”二字。

宋末元初，中国画坛时值蜕变期，北宋之磅礴，南宋之淋漓，正被一些院体画家所丢失，所剩只有“纤细”与“浓艳”，赵松雪正是针对这种情况提出要追唐人古意的。赵氏甚至对李唐这样的大家也多有批评：李唐山水落笔老苍，所恨泛古意耳。如果，我们读过李唐的《万壑松风图》，不会因为赵氏的微词而受影响，相反，倒觉得此图那种雄阔、森严、峻拔之气，颇有汉唐气象，古意横生。其实赵氏的“古意”就其本质而言，无非是儒、释、道思想所暗合的

何加林　鹤园　20×26cm　纸本水墨　1996年

画画仅仅为了图一时耳目之快，
井且为了迎合别人的口味，
功利地去画，
这种创新只能是昙花一现。

那种：朴素、淡雅、率真、静清、净简的高尚品质和审美境界。然而，就其个案而言，他的作品虽然“有唐人之致，去其纤。有北宋之雄，去其犷。”（董其昌语）艺学之妙，颇具古意。但对于古人，赵松雪却颇有偏爱，他厚古薄今，对唐人推崇备至，对宋人过于批评，这在今天看来也未必客观。就山水画而言，至今流传下来的唐人作品凤毛麟角，而宋人作品则洋洋大观。山水画鼎盛于宋已是定论，如果按赵氏那样去看宋画的话，那么山水画便失去了核心意义了。

也许正是赵子昂提出的许多古意，使得现今的许多画家皆用赵氏法眼去看古人，总认为唐人山水高于宋人。这是片面的，真若如此，董其昌就不会在评价赵氏作品“有唐人之致”之后加上“去其纤”了。现在应该明白，宋人作品在“雄”之余，固然有过于“犷”的地方，而唐人作品不也是在“韵致”之余，过于“纤”了吗？因此，古意就一定不能单一地用赵氏法眼去看了，而一定要从其所提倡的本质上去关照。不难看出，赵子昂提出的“简率”正是符合了传统美学思想中的“净简”“质朴”与“率真”的艺术境界，从而具有了古意。

近年来许多画家提出古意，其渊源莫非来源于学院的新生代。这些画家较“文革”间成长起来的画家又多读了些书，又看透了西方艺术对中国传统艺术冲击所带来的弊端，并对那些大谈创新的陈词滥调倍感厌恶。故而，重温古人之意趣，得传统滋养，亲近古人，觉得古意之为重要，代相传诵，古意之风始盛。这其实是一种好的风气，对于迷失的传统文化，能够被许多年轻学子所重拾，实是中国画坛之万幸。

不过，提倡古意，首先要弄明白古意的真正涵义。因为，古意并非旧气，也并非是时间上的概念。由于赵子昂重唐轻宋，造成我们对古意的理解，也认为是越远越古。而在作画时，易承袭古人的痕迹作为自己的笔墨载体，去达现古意。容易使我们的作品徒具古人躯壳，表象上徒有其古，并单一地认为像古才能意古，这是作品产生旧气的一个败因。其实，古意之古，主要是指古人那种经过千百年来锤炼的美学思想和艺术境界。这种境界，春秋战国有，秦汉有，隋唐有，宋元有，明清有，当代同样也有，其发端是先人那种对自然生命获得验之著见之迹的美学留痕和儒、释、道思想。比如说，我们现在谈古意，我们可以追到汉唐，再往上追可以追到先秦、商周。我们可以想，仓颉造字这件事，当时那种对天上飞鸟、地上走兽这样的一种痕迹，真率地表露自己对于这样的一种美学的形象进行文字的创造，这其实也是我们中国古意最早的一种创建。因此，只要作品中具备了这一审美境界，便与古人所倡导的美学思想所契合，自然也就有了古意。而这种古意，同样可以意古而像未必古，这才是古意的正解。

然而，在时下许多画家当中，有不少人读了一些书，却未必懂得古意二字的真谛，以为学古人之法便是古意。于是，行事古怪，高谈阔论，自诩高古，作古人状，所恃笔墨，宁与古人同，尤以赵氏之喜恶为己之喜恶。然所作之画，缺少生命气象，缺少造化之源，也缺少个性气质，更缺少创造力。笔笔皆为古人，貌似古人躯壳，徒守古人衣钵，味同嚼蜡，不仅失去古意，还弄来满纸旧气，成一时之流弊，值得时人深省。

何加林　古寨幽径　45X69cm　纸本水墨　2012年

何加林　雨中坛村　45X69cm　纸本水墨　2012年

当代画派研究

之

新浙派

茹峰

茹峰　南溪古韵　190X480cm　纸本水墨　2000年

茹峰

1963年7月5日生于苏州。

1982年毕业于苏州工艺美术学院，1990年毕业于浙江美术学院中国画系，同年分配至苏州古吴轩出版社工作。2002年调至杭州师范大学美术学院任教，曾担任该院技法教研室主任、教授、硕士研究生导师。2003年考入中国美术学院中国画系山水画创作实践与理论研究方向博士研究生，2007年毕业获美术学博士学位。2008年5月调浙江画院任专职画家，同年9月任浙江画院山水画工作室主任。

为中国美术家协会会员，浙江省美术家协会理事，浙江省陆俨少艺术研究会秘书长，国家一级美术师。

品读茹峰山水

撰文：刘国辉

这老屋、这小桥、这水、这船，这杂沓的小树，就是历史，就是岁月，就是奶奶、爷爷。这是游子恋家的情绪，这是喧嚣繁杂对静谧朴直的思念，这是现代对历史的反思，这是人类对童年的梦寻……道不明，说不清，依依斯情。

山水画是中国画中最重要的门类，一部中国绘画史大部分写的是山水画的演变。厚厚的画论多半是为山水画而发的议论。说山水画是造诣最深、成就最高、画法最完备的画种是并不为过的。这样的状况，给山水画的学习提供了方便，但是也给山水画的超越带来了困难。从某种角度来看，如果说人物画的超越，部分的困难在于传统留给我们的表现方式有欠丰富的话，那么，山水画超越的困难则似乎是传统留给我们的方法"太过完备"。前者是可资借鉴的太少，后者则是古人玩过的花样太多了。

然而，艺术的生命在于创造，有出息的艺术家总是不甘匍匐在前人脚下讨生活的，于是，就有了今天这一批辛勤的探索者，而茹峰就是其中的一位。茹峰，1990年毕业于中国美术学院国画系，而后在"古吴轩"几年的编辑生涯，使他少了些学院式的八股腔，多了些世俗的切实。

还是崇山峻岭，还是浮云奔泉，还是杂树茅舍，但茹峰作了新的整合、编排，赋传统的题材以新的神采，画面显示了他精到的传统功力和造景能力。茹峰张扬了古已有之的"吹云弹雪"法，泼彩吹拂，寓人工于天成，把尽兴流淌的粉彩变成富有灵性的流云霞光，犹如温顺的精灵偎依在葱郁的山峦之间，刚柔相济，动静对应，冷寂的表相下跃动着生命的脉搏。这里不含幺妙的禅机，这里没有老庄的超然，这里是茹峰构筑的一个属于他自己的语境，一则倾泻人世感怀的茹峰式的山林情话。

在当代的中国画家群中，有那么小小的一支，专以"江南水乡"为题，讲述着小桥流水人家的故事而在画坛上独树一帜，茹峰则是其中的后来者。毫无疑问，他受惠于前辈的先行，得益于前行者的启迪。然而，茹峰毕竟是有才情的。当细细品读他的这类作品的时候，我们不难从中体会出他与其他画家的不同，透过表现方法的差异，我们会依稀感到，他较之他的前行者，少了一份景象的华彩、清润，多了一份历史的沉重和艰涩。在那斑驳的黑瓦粉墙里，在那陈旧的板门窗棂后，有奶奶温柔的儿歌，也有爷爷无奈的叹息，昏黄的豆灯里弥漫着人生的酸甜苦辣。这老屋、这小桥、这水、这船，这杂沓的小树，就是历史，就是岁月，就是奶奶、爷爷。这是游子恋家的情绪，这是喧嚣繁杂对静谧朴直的思念，这是现代对历史的反思，这是人类对童年的梦寻……道不明，说不清，依依斯情。不管画家在这里是有意营造，还是无意泄露，但是，诗一般的画境与深沉的情感熔铸在一起，作品的情怀撩拨观者的心灵而激起共鸣，显示了作品的魅力。画的超越源于心的超越，茹峰的作品这样说着。

我介入用“江南水乡”的主题来创作，当时基于几个考虑：第一个，我们浙美的水墨山水，是一个群体式的团队，很多画家的风格都比较接近。而当外面的画家和艺术理论家来看浙江绘画的时候，他就会模糊，画家之间不是很区别得出。我当年从杭州回苏州以后，我是非常有意识跟浙美的风格拉开距离，拉开距离最好的方法就是一个题材的差异，形式语言的差异，当时是基于这种考虑。

还有一点，因为“江南水乡”这类题材画产生的年数非常短，应该是上世纪70年代刚刚兴起的。当时北京有杨延文，河北有李明久，天津有姬俊尧，广州有王维宝，苏州有杨明义。我回苏州以后，我看了他们的“江南水乡”以后就有一个感觉，他们仅仅是从图式结构来说他们是“江南水乡”，但是江南水乡地道的水灵灵的那种感觉还有表现的余地和拓展的空间。我从小有这个经历，印入我心灵深处的那种东西我觉得我能够把它表现出来，对我来说应该是得天独厚的，我有这样的条件。

我搞“江南水乡”创作的时候，我是想把工艺美校和中国美院学到的东西糅合产生出来一种东西。所以我的画有点中，有点西，你看我里面的线条，里面的用笔还是传统的，但里面的色彩有冷暖色，是西方的。

——茹峰

茹峰　溪山无尽　200X200cm　纸本水墨　2009年

茹峰　溪山读书　68X68cm　纸本水墨　2012年

茹峰　岩壑凌云图　68X68cm　纸本水墨　2012年

茹峰　云亭溪声　185X95cm　纸本水墨　2009年

茹峰　夜山月影　185X95cm　纸本水墨　2009年

当代画派研究之新浙派

王平

字乔笙，1971年11月5日生。安徽桐城人。1991 年考入中国美术学院，1995年毕业进入中国美术学院与浙江日报社主办的《美术报》工作，2002年考入中国美术学院国画系山水专业研究生课程班；2004年考入中国美术学院攻读博士研究生，2008年毕业获博士学位。

现为中国国家画院美术研究院研究员、艺术信息研究中心主任、《中国国家画廊》执行主编、《中国美术报》执行主编，文化部中国画学会理事，文化部青联美术工作委员会副主任，《中国美术大事记》特约副主编，扬州大学艺术学院兼职硕士研究生导师、安徽大学兼职教授。系中国美术家协会会员、浙江省美协主席团委员、杭州市美协副主席、浙江省中国画家协会主席团委员兼副秘书长、浙江画院特聘画师。

王平　观云台　25×33cm　纸本水墨　2012年

文心与静气

——王平的山水画艺术

撰文：曹玉林

在见到王平的画作之前，我只知道他是一位极具才情的美术理论家，在得知他也跻身丹青之事后，颇有些为其惴惴。原因是第一“术业有专攻”，身为一家全国性美术大报的采编部主任（现在是副主编），王平每天编务山积，案牍劳形，濡毫吮墨充其量只是其编辑工作的余事，难免会有票友色彩；第二作为一位美术理论家，王平的目光敏锐，识见甚高，不论观察事物还是思考问题，每每都是从“道”的层面上展开，而如此一来，作画反难免要为“识”所累，眼高手低，相形见绌；第三人们的看法往往都是先入为主的，王平“文名”在先，“画名”在后，即使画得再好，也难免为其“文名”所掩，很难得到广泛的认同……等等，等等。然而，当我认真地品读了王平的画作之后，却惊异地发现上述看法却是一种先验性的歧见，因为实际上，王平的画是十分出色的。当然，王平的画不是那种剑拔弩张、霸悍雄强、以恣肆纵横相标榜者，也不是那种精工写实、艳丽悦目、以媚俗炫技为能事者，而是那种天真平淡、含蓄蕴藉、从容挥写心中之性情与山水之本真者。因此，王平的山水画虽然在最初的观感上，也许并不能给人以多大的视觉冲击力，但却相当耐读，属于那种粗粗一看，似乎貌不惊人，但却有品位、有意境、有内涵，能够使人越看越觉得有意思，越看越觉得有味道的真正的艺术品。

关于王平山水画艺术的画风特点，笔者以为可以用这样两个肯定性的断语来加以概括：一是有文心，二是有静气。

首先我们来看第一点：文心。所谓文心，若换言之，也可称之为精神性的文化内涵。众所周知，中国画是与西方绘画具有不同艺术理念和审美趣味的绘画体系。二者之间的区别在于前者注重精神性的文化内涵，后者注重物质性的视觉取向。虽然注重文化内涵者，也并非完全排斥视觉取向；注重视觉取向者，也并非全然无视文化内涵；但二者之间在致力重点上的区别却是客观存在的。中国画精神性的文化内涵主要体现在两个方面：其一是在表现内容和画面意境上，强调诗意化的追求；其二是在表现手法和绘画语言上，坚持书法性的原则。我们以此作为观测坐标来衡量王平的山水画，无疑是十分吻合的。首先王平的山水画充满了诗的意境，王平的山水画大多构图单纯，物象简约，往往只有一片树丛（有时甚至只有一棵树）、一带山丘、一座草亭、几杆青竹，然而就在这至简至纯的画面上，却每每充盈着虚灵氤氲的意象，洋溢着满纸葱茏的诗意。古人云：“大乐必易，大礼必简。”这种“易”不是容易，这种“简”不是简单，而是对于繁琐冗赘的超越和升华。清人程正揆尝谓：“画不难为繁，难于用减，减之力更大于繁。非以境减，减以笔；所谓‘弄一车兵器，不若寸铁杀人’者也。”因此，这种“易”和“简”，实际上是一种洗尽铅华、天然不雕的大境界。王平山水画诗意化追求的另一个美学特征，体现在一个“淡”字上。晋人鲍照曾认为谢灵运的诗如“初发芙蓉，自然可爱”，而颜延之的诗则“铺锦列绣，亦雕缋满眼”，开中国艺术史上梳理比较阳刚与阴柔两种不同审美趣

王平　云岚湿翠　25×33cm　纸木水墨　2012年

王平　古道云瀑　25×33cm　纸本水墨　2012年

王平　出水芙蓉　34×34cm　纸本水墨　2013年

王平　云起横山　34×34cm　纸本水墨　2013年

味之先河。王平的山水画显然是属于清新淡雅、迷离婉约之阴柔一脉的。在王平的笔下，除了偶尔画水波者外很少有设色的作品，几乎是清一色的水墨，而且这种水墨还不是焦墨或宿墨，而都是淡墨。尚淡，是传统中国画，尤其是传统中国画中的主流文人画的一贯主张。在中国古代的画学论著中，诸如“平淡天真”“天真幽淡”“古淡天然”之类的用语比比皆是，一生为文人画张目的董其昌更是明确提出：“画欲暗不欲明，明者如觚棱钩角是也，暗者如云横雾塞是也。”认为只有暗（此处暗亦可伸引为淡），才能产生朦胧之美，才不至于会落入“画师甜俗魔境”。王平的山水画很好地继承了古人的这一传统，使得他的作品通过淡墨轻岚的抒写与描绘，传递出某种既有些伤感和惆怅，又不无恬静和温馨的诗的意蕴和况味。

关于中国画精神性文化内涵中的书法性原则，在王平的山水画意象中也有出色的体现。书法性原则，是宋元以降直至目前为止，中国画文化种姓和艺术特质的主要表征。从某种意义上说，中国画之所以能在世界绘画艺术之林中自成体系，卓然而立，在很大程度上都是由书法性的笔墨作为基础和保障的，黄宾虹甚至认为“中国绘画舍笔墨而无他”。有论者谓，王平的笔墨是“向两端拉开，一端是白描，另一端是没骨，一端是纯粹的笔，而另一端是纯粹的墨”，但“白描之中不缺墨韵，没骨之中不乏笔意”（曹工化《知于“林泉”行于“高致”》），确为切中肯綮的有以之言。王平的山水画虽然总体而言属于笔墨分施（以山为主要表现对象者多偏重于墨，以水为主要表现对象者多偏重于笔），但却既非是吴道子式的“有笔而无墨”，亦非项容式的“有墨而无笔”，而是石涛在《画语录》中所憧憬的“笔与墨会，是为絪缊”。这一点，在其以山峦和林木为主要表现对象的作品中看得尤为清楚，而在以水波为主要表现对象的作品中则有所逊之。

王平山水画的第二个重要美学特征是有静气。由于传统的中国画以老庄哲学和魏晋玄学为精神乳汁，所以在意境营造方面一贯主张要虚和静。老子云“致虚极，守静笃”“大音希声，大象无形”，无形为虚，希声便是静。庄子云：“天地有大美而不言”，不言既是虚，更是静。此外，庄子又云：“圣人之静也，非曰静也静，故静也，万物无足以挠其心……夫虚静恬淡，寂寞无为者，万物之本也。”由此可见，作为一种艺术精神，“静”落实在绘画上，既是画风和意境上的追求，更是品性修养和创作心态，二者既互为因果，又互为表里。

当然，“诗要孤，画要静”，是传统的艺术观念和美学原则，并非是绝对的，内中不无需要扬弃的消极因素，但是，作为一种追求人与自然高度和谐的审美理想与精神境界，在当下的山水画创作中提倡有静气，仍然是需要的，仍然有着其一定的价值和意义。可惜令人遗憾的是，在商品经济高度发达，生存竞争日趋激烈的今天，面对着铺天盖地无孔不入的物欲诱惑，渴望成功的心态和急于显名的焦灼，早已使人们失去了从容和优雅，而所谓的“静气”，也“古曲虽自爱，今人多不弹”，在如今的山水画创作中也日趋稀缺，甚至难得一见了。

而现在，我们却在王平的山水画作品中发现了这种久违了的静气，这不禁让人感到惊喜，而如果再联系到王平日常繁忙的编务和担任的多种社会角色，则更是让人觉得其难能而可贵了。

总之，如果不作过分苛求，作为一位知行相长的新型文人画家（此处“新型文人画家”的称谓不尽严谨，属姑妄言之），王平的山水画似乎可以归之于“逸品”一类，或换言之，起码可以说是以“逸品”为致力方向和追求目标的。虽然目前王平的山水画在内容蕴含上还不够丰富，还有待于进一步充实和拓展，在形式技法上还未臻至境，还有待于进一步修持与探索，但是，在王平的山水画中却有着可贵的文心、静气和耐人咀嚼的象外之趣。而这些正是中国画特有的最为可贵的艺术本质和美学趣味，同时这也正是王平山水画值得赞赏和称道的地方。

土平　飞龙谷　137×68cm　纸本设色　2012年

王平　横山道　137×68cm　纸本设色　2012年

王平　春溪图　137×68cm　纸本设色　2012年

王平　百步云梯　137×68cm　纸本设色　2012年

当代画派研究

之

花鸟五家

谢天赐

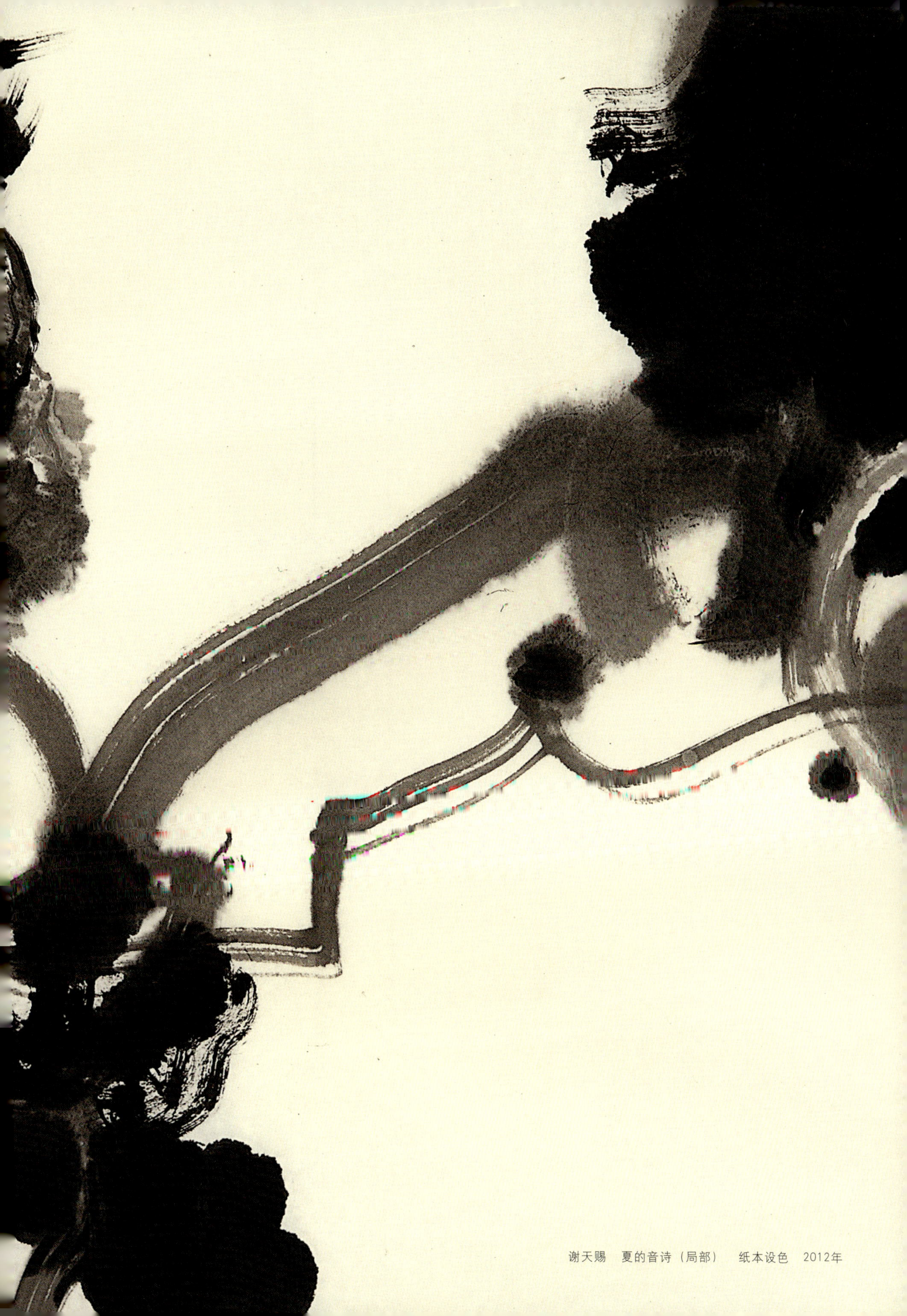

谢天赐　夏的音诗（局部）　纸本设色　2012年

谢天赐

1948年9月生于广东阳江。

中国美术家协会会员。

享受政府特殊津贴画家。

广东省人民政府文史研究馆馆员、中央文史研究馆书画院南方分院副院长。

优秀人民艺术家（2005年国家科技奖励办颁发称号）。

传统观念与现代意识

撰文：谢天赐

人类历史的长河慢慢地流淌到现在，传统文化的精髓已经溶入了我们的遗传基因，不自觉地形成了我们的行为习惯，也自然地影响了人们的思想意识。然而，我们毕竟是客观地生活在现代。“物质到精神”，不管人类如何的主观唯心主义，也不得不受到现代科学文明的左右和影响。三寸金莲穿着人造革；穿着长衫马卦饮着三聚氰胺的牛奶；明媒正娶通过电脑进行传宗接代；彬彬有礼演变成了见面就——亲，离了没有。这就是客观现实，不以人们的意志为转移。

一方面是五千年的文明史，一方面是现代科技的高速发展，现代的信息早已“云计算”。哥白尼的“日心说”将人类从主宰宇宙的神坛上拉下来；达尔文的“进化论”将人类从主宰地球的神坛上拉下来；弗洛伊德的“无意识”理论将人类从自我主宰的神坛拉了下来。我们的视野已伸展到了宇宙遥远空间的黑洞，看到了光线在拐弯。物理学在原子中发现了另一个宇宙，在细胞中看到了微观世界，感受到了植物的情绪，听到了动物的语言。我们人类还可以复制自己，甚至在猜想论证时空隧道。这一切不能不影响我们的思想观念，然而，传统意识与现代观念也不得不闷烧在每一个现代人身上和灵魂里。所以我们的思想，我们的行为无时无刻地在这两者间游弋跳动。

传统是习惯，现代是演变——发展。

中国画数千年历史，高度发展已形成自己独特的表现形式。笔墨技法程式化、规范化，铸成了顽固的审美习惯和理论体系。这种程式和规范更是来源于传统中国人静观的、内省审视的传统审美价值观。我们纵观历代绘画的林林总总，千姿百态，而取其断面集中放大，就会发现大多面目雷同，手法抄袭，死板凝固，毫无生气。其实质是缺乏重新审视传统的胆色和勇气。

我们中国画家，血管里流着传统的血液，又呼吸着现代的空气。中国画强调笔墨结构。线是什么？先人强调书写性的、有节奏的、主观的情绪化的笔迹程式化的组合。西方更多的认为线是物体的轮廓。而大自然中线也许是马路的裂缝，也许是一根绳子、一条蛇、一棵树。再看看绘画中的线是渗透在宣纸纤维里水与黑色的微粒。这样想来这根传统的程式化的“线”太束缚了，让我们无法任意地舞动，任意地呐喊、呼号，去表现现实生活中的时代的感受。

绘画中，线的表现力是伟大的，或许人类第一幅作品就是线描——岩画，原始人“艺术家”远古时就认识到简约的线能表现事物的基本特质，能具有刺激观者感觉和情绪的力量。不能否认中国画的传统博大精深，笔墨结构并不等于单纯的物体结构。主观的线

谢天赐　春情　68×138cm　纸本设色　2012年

是生命的冲动，也能创造思想，激发想象，阐述哲学思辨或弦学佛意。线有曲直粗细长短快慢，不要受一波三折的审美定式局限。线，其实是运动的轨迹，有形的和无形的。火车的轨道是长长的线，而火箭高速升空的是极快速的看不见的线。而我们的“视线”更快，亿万光年遥距的星系通过电子望远镜一眼即达。这种现代的意识和认知无不以巨大的力量冲击着我们的传统观念，让我们无法回避掩盖否认。

我们传统的《易经》是研究宇宙人生的现象和道理，它不是天书，它与我们现代的探索科学研究不谋而合。哲学理念方向基本是一致的，它认为世间万物对立的两个方面，阴阳相生相克互为推动。宇宙万物一切都在阴阳相生相克中不断地变化演变，以阴阳动态平衡而存在，失衡、冲突、产生。相合物之生，相克物之亡。也即所谓的天人合一。我们无法超越自然，我们人类生命本身就是大自然的产物。“外师造化，中得心源”，自然并不能自动地成为艺术美，而艺术家的情思和构想在艺术的转化过程无不受到现实客观认知的影响和限制。

一根平直的横线，我们觉得是平静、稳定、安全、向往；一根斜线，我们会觉得不稳、不安、危险、回避。一根曲线，我们会觉得流动、跳跃、激动，视线还会跟着无限伸延。这种感觉现象是上帝创造人类的时候渐渐地为我们生存而完善设计的。在现实中我们用眼睛去观察不是看到无数的宇宙线么？海底微生物轴体形式的图像线；叶子和海星都呈二元平面的放射状线；格栅式线的蜘蛛网；台风、洋流显现了螺旋式的线。这些自然的客观现象给了我们艺术家不可否认的影响和启迪。

“笔墨跟随时代”，这是很多人都在说的非常流行的一句话。学习入门可以师从，当我们拿起画笔的时候，脑子里想的并不是“师从”，而是有感有情的激发。你的一招一式被你平时里不知不觉养成的习惯所左右。你所有的素养、才情都被你的习惯毁了。

观念影响行为，行为的重复养成习惯，习惯的组合就形成了你的个性——你的艺术风貌。艺术命运就被你的个性所决定。因而“观念”成为了焦点——核心。观念的形成组合会被家庭出身、成长环境、知识结构、机遇的偶然性和必然性深深地影响着。

中国传统美学从远古的图腾文化开始，巫术、宗教，原始歌舞野蛮疯狂简单地表达。夏、商、周青铜器到灯绳时代，暴力、狩猎和浓烈的宗教色彩还是处于一种原始的审美状态。至先秦诸子百家回归理性。儒家主张中庸、宽恕；道家老庄追求境界升华，无为空灵，自然即美。此时图腾与教义交织，规范的理性与迷信浪漫互相交织与冲撞。想象混沌丰富，情感热烈豪放。人与兽同时呈现，缤纷五彩、琳琅满目。魏晋时期玄学兴起，佛学也开始进入人们的生活中。石窟壁画表现苦难、沉重阴郁煽动人们皈依天国，匍匐在巨大、智慧、超然的神像脚下。

至唐代历史好像突然拐了一个弯，社会体制、艺术审美独领风骚。山水画贵气富丽，青绿山水色彩浪漫多情，还开辟了工笔花鸟画的新途径。唐代的书法艺术对花鸟画也产生深远的影响。以至五代到宋院体，而元代水墨花鸟开始人格化，宣纸的使用改变了写意的画风。而中国画本身就具有“文学性”，抒情写意已成为写意画的核心。这是文学修养和写的技巧所决定的。

可以说明、清的文艺思想对我们当代影响至深。资本主义思想的萌芽，封建社会发展到了鼎盛时期，物极必反，思想观念也出现了新的启蒙。古典传统美学也开始动摇、瓦解。渐渐地也开始了世界的交融，西方的科技文化艺术思想、当代的艺术思潮，观念艺术、行为艺术像海啸一样荡涤了五千年文明的国度。再加上我们经历了“文化大革命”的坎坷和阵痛。1980年后，开放改革，百废待兴，经济疯长，我们的艺术花园更是百花齐放。各种风格流派，各种主义交杂糅合、分离重组。

我们再罗列一下二十世纪西方审美的一些概念，也许对我们有参考意义：形式——表现主义、心理美学、自然——实用主义、西方马克思主义、符号学——结构主义、现象学、分析美学、后现代。

对于传统，我们要继承、发展。我们要回头看而不要回头走。当然路在你的脚下，爱怎么走就怎么走。况且“条条大道通罗马”。传统中国画强调写意性，崇尚中锋用笔，追求笔线劲健、苍润、圆厚、自然灵变。墨随笔，笔随心，心随意。“意”是人的头脑对客观物质世界的反映，是感觉、思维过程的总和。这个“意”应对于世界和社会，哲学、政治、艺术、宗教、道德等较系统的看法和独立见解。而这一切会影响你的审美，会无时无刻地导演控制了你手中的笔。艺术生命依赖于艺术家独有的思想观念和性格特质。

笔与墨，随情随意，心中有象下笔没有象。激烈的感情流泻。不管中锋、侧锋，横扫卧出。不必计较“笔笔有出处”。转折逆顺，抑扬顿挫，纵横恣肆，随意生发，环环相扣，浑然天成。在激热酣畅的淋漓中显示力的美，力的和谐。水与墨相互冲撞，喷洒、堆积、重叠。还要敢于用墨，不怕黑沉沉。这黑不是没有阳光，那是辉亮至极而黑。这黑不是空洞无物，而是汹涌澎湃无法容载至极而黑。这黑演示了万物聚化、万物生化，那是宇宙深处冥冥的永恒的黑。

中国画可以“不择手段”，吹云法、弹雪法、胶矾法、宿墨法、甚至用手指画。我们还可以拓展一下：皱纸法、扎染法、油染法、纸筋法、拼贴法、水拓法等。还可利用各类物质的物理化学性能相互催化，撒盐冲渍法、吸收沉淀法、水冲法、各种加剂法。画面还可利用空间分割、局部剪裁、立体构成、解构构成、打散构成、点构成、面构成、线构成。或强烈的黑、白、灰对比组合。或改变视觉，放弃解剖学、透视学。概念重组，打破平衡，强化视觉冲击力。

中国画“画气不画形”“舍形悦影”，大象无形。意象是自然神质与画家神质的相融性，“迁想妙得”。大写意，形神高度统一，高度概括、删繁就简、精炼晶凝。并不是逸笔草草、粗略率率。有意识地将各种因素推向至极，既乱不乱、既雕既琢、返璞归真。“无法有法，有法守法，守法破法，破法无法，无法之法为至法。”

谢天赐　荷的私语　68 × 138cm　纸本设色　2012年

谈大写意花鸟画（节选）

——田黎明院长与著名画家谢天赐对话

谢天赐（以下简称谢）：都是试验性的。

田黎明（以下简称田）：我觉得这已经不是试验性的，当代水墨可以称之为试验性的，但是谢老师您的画不是试验性的。很成熟，探索性很强，既延续了传统的厚重感，讲究传统的文脉之品，有品有格；把品和格延续下来了，在意象、笔法、表现方式上，找到了当代审美的人文感知，我觉得这种感觉特别具有当代性。

这种当代性是人文精神的进取，体现了主体对文化传承的体验和创造性，谢老师的画延伸了传统人文理念，传达了您对传统博大精深的文化体验和人文境界的精神，这种感觉很到位。既耳目一新，又能让我们回到传统中去品味。传统的一些审美元素，都含在您的画面里。比如雄浑之觉，在您的笔墨里能找到金石、魏碑的东西，您都把它们糅到笔法里，而这种审美恰恰就在看上去不经意、实际上在画面背后做了很深的人文积淀，把这些元素都积累在花鸟画中，呈现您的笔墨浑厚大气。虽然画的是花鸟、一枝一叶，但谢老师所组成的画面在团块状气势中，注入了很深厚的文化感知。这不单纯是画，而是有文化的解读和文化的品味在里面，这些都是我读画的感觉。

谢老师的画用写的方式，强调了写、强调了意，而且意转化为了文化精神的解读，这一点非常重要，因为现在意有很多解读方法，但是谢老师的笔墨之意让我们感觉到了魏碑和金石的审美品味。这些元素糅合在里面，使笔墨的柔性转化为很雄浑的感觉，这需要很多年笔墨心性的积淀，否则笔下出不来这种感觉。如果仅是一个样式就很简单，但要在样式中注入一种很深的文化体验，就比较难。谢老师沉积十年，十年面壁，让人景仰。

谢：我年轻的时候画了十年油画，十年版画，水墨画二十四年，1990–1999年用了十年时间，画了荷花的题材，到中国美术馆展出；之后又画了十年荷花，这些花鸟是最近两三年画的。

田：我很喜欢谢老师的作品。其实中国画的画理是在画外。比如谢老师刚才讲父亲是铁匠，我感觉谢老师的血脉里有铁的精神，画得坚实，如铁一般，下笔特别凝重，有狠、重、写。谢老师的笔墨创造了新的程式。我的老师卢沉先生上课时给我们讲："传统是创造。"每一代都是在传统基础上有新的发展，元代创造的曲，而不再是宋词。谢老师的画给予我们的启示，一定要适合于当代的生存方式，找到自己生存的方向和审美体验。

谢：我觉得中国画和西方的对比，西方是以眼睛为中心，画你看到的、感觉到的，以物象为中心。

田：谢老师是以道为法。谢老师对艺术的虔诚，像朝圣一般，他的每一张画都极为严谨，讲究意象，经得起推敲，看去像在不经意之间创造了他的一种感知。

刚才谢老师讲的，第一笔可以随意画；第二笔要理性；第三笔要天才。这里面印证了什么，解读谢老师的三笔论，可以从传统的绘画程式中来品读。比如传统画竹有口诀：两笔飞燕，第一笔没有，第二笔就有了，又到五笔惊鸿，就是鸿雁在起飞时有一个角度，符合了笔法的变化。将生活形象转化为笔法，在永字八法中，每一笔都是写意，意决定了下笔的方法，也决定了画面的形象。谢老师的三法就是写意，写意的意表达的是主体对宇宙、对人生、对自然观照，自己要拥有一方清澈的空间，来体验一切物。谢老师画面的感觉，始终都围绕着内心感知的空间，创造了一种新的花鸟语境和笔墨。

谢天赐　大吉富贵图　138×68cm　纸本设色　2012年

当代画派研究

之

花鸟五家

胡石

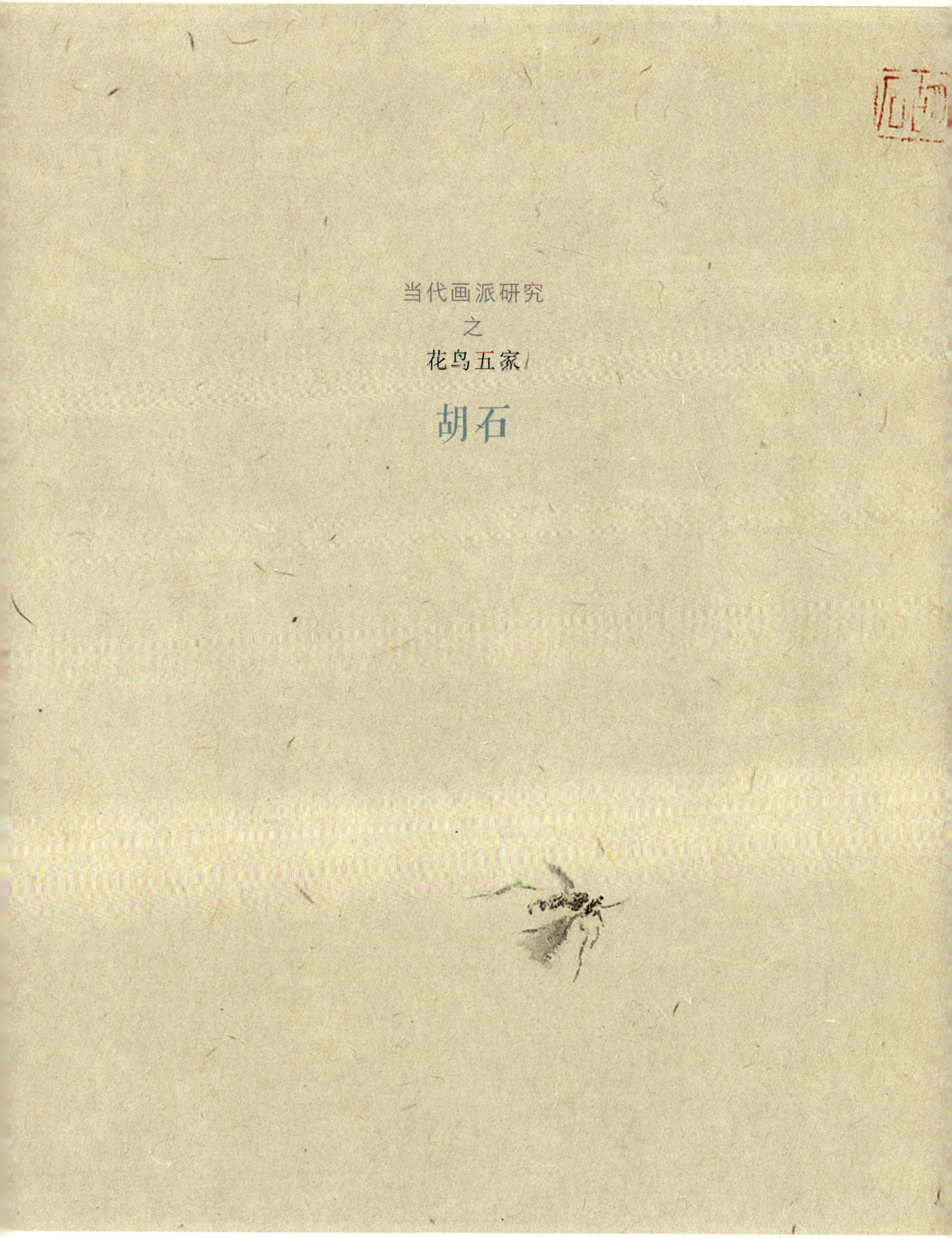

胡石　草虫小品　纸本水墨　2008年

胡石

1957年生于山东临沂，1980年毕业于山东轻工美术学校，2000年结业于中国艺术研究院第二届『中国画名家班』。临沂画院副院长，中国艺术研究院特约研究员。

1990年参加中国画研究院主办的『中国花鸟画主题展』，中国艺术研究院主办的『中国新文人画展』。

沐堂日记摘录

撰文：胡石

与张伟民、林海钟、杨春华、张志民、朱新建、于水、刘二刚、怀一等好友在二月书坊

与何家英、于水等人参观画展

九月一日，周日，晴。

乘上午十点七分的高铁返京。八点半钟，辞别了朋友，往高铁站。济南的高铁站在城市以西，故名“西客站”。距离城中心约20公里，正常需半小时的时间，如果车多路塞，则要加倍，所以留出富裕的时间，早离所住的宾馆。刘沛和胡珂送站

高铁是从合肥发来的G262次，终点站是北京南站。从济南到北京，行程500公里，需105分钟。

上得车来，安顿好行囊，与董树梓先生拨电话告诉他到京的时间，让他接站。

车缓缓地起动，瞬间提速，教你来不及反应。透过车窗，看着道旁的栀栏，不停地闪；看着绿树丛林，晃着眼，与高铁竞跑；看着被禾稼密布的大地的绿和时隐时现的村舍、城廓，都在运动着，如梦如幻。

我半卧地坐在车厢中的座位上，凝视着窗外，思量着科学，被这神奇的飞速感动着！

动车又减速了，缓缓地，缓缓地……，我从梦中、幻中醒来，收神定视，恍惚中已进入南站。下得车来，去东停车场，找寻前往接站的董树梓先生。

“阳光明媚，空气也好，是秋风卷走了往日的雾霾吧？”我问。“入秋以来，半月不见星雨，每天都是晴空。”董树梓先生答。说着笑着，已到家门口。

浮尘一层，布满了房间，桌上、椅上以及角角落落，一番清洗擦拭。露台上飞来的沙，走来的砾，也厚厚的一层，又是一番的功夫。窗明几净，坐在露台上，眺望着西山的剪影，景山的亭，北海的白塔，紫禁城的金瓦翠绿，和董树梓闲话。

女儿回来了，气色很好，只是消瘦了许多。董树

梓问：“胡伊姣，学习紧张吗？”娇儿答：“是西人的饭菜，不习惯的。”看着女儿，心中的喜悦！

傍晚，不浓的云从西山飞来，越来越厚，赶紧收拾茶具。一阵风掠过，伴随着电闪雷鸣，雨点乱落。

“胡石回来了！”声音从楼道里传过来，我迎门对视，是陈绶祥师。邀入房间，围桌茶话。

二日，周一，晴。

早餐后，去隆福寺早市，购三尾小金鲤，四棵水葫芦，放入缸中。去物业，将托付给物业代管的花竹取回，重新放在露台上。

兰草已有几片干枯和微黄的叶，小心地用剪刀将干枯的叶剪去，将发出的三棵嫩黄色的新苗，将泡制了一夜的黑豆，连水带汤地施上。茉莉健壮，绿油油的叶散发着生命的活力。石榴已半残，稀疏的半黄的叶留恋在半枯的枝干上。夜来香死了，唯有干枯的躯体旁边发出的一枝新绿，枝条的水分饱满，只是那叶似被烈火烤过，焦头烂额。竹很残，柴一样的枝儿挺在竹竿上，通身上下找不到一片完整的叶，只有那竹竿的节处，发出的弱枝嫩芽，满枝满丫的，顽强地活着。看着它们，内心的酸楚不由地涌上来。

我爱花爱草，爱惜弱小的生命，我把它们当做我的朋友，我的孩子，我的老师，我的父母。每当我累了，我寂寞了的时候，看着它们，都给我一种慰安；在它们弱小的生命中，体会着人生的悲欣离合，相依为命；在它们茁壮成长，欣欣向荣，焕发着灿烂的容光的时候，我会喜悦，我会感动，分享它们的骄傲；当狂风骤雨来临，我会庇护，将它们搬进花房；细雨微风，轻拂滋润着满枝满叶，我也会分享着它们承受甘露的快乐，我的心里，也会泛起一种蜜的甜；烈日当头，新嫩蔫着头，我会拉开遮阳篷， 让它们躲避这无情的考训；枝繁叶茂，含苞怒放，吐芳吐芬，我会替它们高兴，欣赏着它们抖擞的精神；残花败蕊，破碎玲珑，随风飘落，我会替它们伤心、落泪！ 这一切的关怀，一切的爱，都是它们平常伴着我，慰安我，点点滴滴积成的！

看着眼前的这一切，我的泪夺眶，我的心流血！

三日，周二，阴。

昨天，修剪着花竹的残枝败叶，安抚着老干上发出的新嫩，期盼着它们健康地成长，早日地繁茂。悲伤的心情不能释怀，一日的无绪！

上午八点钟，门铃作响，打开门，是送邮件的。邮件自南京“养墨堂”寄来，是五月间“一任群芳妒——梅花写生”展的资料和几幅参展的作品。还有我受王兆军先生委托拍摄的王家旧址（乌衣巷）的照片。梅花展的活动是每年西历的三月初，梅花绽放的时节。“养墨堂”便约大家前往“梅花山”写生，已经连续了三年了。参展的人员大概霍春阳、张伟民、赵跃鹏、吴冠南、王和平、陈平、何加林和我。“乌衣巷”的照片是王兆军先生写《王羲之》这本书的插图所需。时我在南京，委托我拍的。一一看过了，回了“养墨堂”的信，“邮件收到了。”

边平山先生病了，病症是“脑梗”。我闻说，着急的，便约上我的朋友刘长春驾车，去宋庄艺术区看望他。

目光炯炯的平山先生像往常一样，我使劲地看，却怎么也看不出他是个病人的样子。他笑着说：“眼前一阵的黑，双目就失明了，接着便是不停地呕吐……脑的记忆模糊，只有一个点，在远方，一朵灰蓝色的花，绽放着那份安详。平躺着，约略几分钟，缓缓地醒来……浑身的乏力、嗜睡，睡了三天。”我问：“没送医院吗？”他答：“只医生测量了血压，是190和100的压差，也亏得底本的好，自己抗过了。做了一个脑部的磁共振，结果是脑干的栓，以前也栓过的，只是不自知，二十年没查体了！”他深深地吸了一口烟，吐出的烟雾在空间划成一个圆。接着说：“病中的心绪，依然没有惆怅；作画的欲望，与往日不减的，每日里，国油板雕一个过。而近期，又在实验色彩的单纯与变化。”“过午的年纪了，给你提个醒，让你今后注意，虽然虚惊了一场，了无大碍，要感谢上帝，感谢神明佑着你！我为你庆幸，为你祝福，愿病魔远离你，健康拥着你！”我说。

他继续吸着烟，一天两包。他要减量，每点燃一支，只吸几口，便掐了。他酒量也大，能饮白酒二斤半，但他没有酒的瘾，不妨的。他精力过胜，"颠倒黑白"，常是白天作息， 夜晚工作。经了这一病，他也颠倒过来了。他谈锋也健，滔滔如江水，谈到要紧处，"咬牙切齿"的，歪着头，使着劲，一个字一个字地迸出来。今天，他的谈锋依然不减，诗人的兴会的了！

坐在他的客厅里，说笑着，回忆着"新文人画"的往事，一幕一幕地……

回来的路上，我对长春说："看来，我们已经步入老年了，开始忆旧了。"长春说："胡老师，你们还早着呢，不过五十岁，看那精神的劲，按画家的年龄，你们正是当年，正是'中青年'"。一番的慰安！

四日，周三，雨。

凌晨，窗外的雨声淅沥，伴随着这淅沥的雨声，进入梦乡。

早晨起来，上阳台，看雨后的花竹。一种的清新，两样的心情。然而我总是首顾及它们所遭遇的不幸，怜惜着，悲悯着！我的心情，又回到了前天见到它们时的那种悲哀。我不忍，转身回了房间。

窗外又落下微雨，透过玻璃窗，凝视着蒙蒙的空中，我的心绪，十分沉潜，随便拿起笔来，准备作画。

爬行的声音从窗纱的背后来，我定睛，寻着那爬行的声音望去。一只受伤的蝉拖着它的残肢，艰难地，无目的地，一跛一拐地爬行。我轻轻拉开窗纱，帮助它出来。将它放在画案上，它瞅着我，一种哀怜，一种欣慰，一种无名的表达的心意。它似乎解我的意，舒展了翅，摆好了姿，准备着模特儿的态式。将裁好的纸，和着笔墨，及沉潜的心绪，捕捉着它的生机。

当它的触角平行，是它定神的时候；前伸，便是行走；侧转，是判断方向。它的翅，除却飞行的功能，便是爬行时的掌握平衡了。它的头，基本的圆，圆的如豆，形象一点，似玉米的粒。它细腰，是在背和肚的中间被细细的青丝裹束的腰。腿脚连成一片，关节并不明显，只在大腿与小腿的膝处，形成一个"折"。它的身体和翅膀上的纹，是天公的笔，巧妙而匀整。

需书法的笔法，而且是中锋。有提，有按，有顿，有挫，有牵丝系缕，有勒法勾法，有复笔折笔，有抑扬，有点厾，有圆润如钗股，有质朴如美玉。然而最要紧的是"战战兢兢，如履薄冰"的态度。

我又想起夫子的话"君子之道费而隐"，以博大的胸怀，精深的探赜，在微妙之中发现大道的规律，在幽暗之中找寻无限的光明。

五日，周四，晴。

蔚蓝的天空，挂着几片静止的云；雨后的城市，像新妆的少妇，娴静、明媚。我坐在画案前，透过玻璃窗，欣赏着它们！

壁上挂着冯承素版本的《兰亭序》，字里行间透出的那明丽、韵致，像窗外的蓝天白云，像雨后的紫禁城的金瓦丛绿，愉悦着你的精神，吸引着我的眼球，动着我的心，痒着我的手。我轻轻地起座，离开画案，走近悬挂着《兰亭序》的壁前。将眼睛贴近地看，又将脚步退回放远地看，如此反复着。

先是整个画面扑面的气息，像夜中的星空，布满天穹，纯作一片自然。而是行间的韵，如同空间，和黝黑中闪烁的群星，如雁飞行，如担夫争道，如珠落玉盘，那般的巧妙与生动。落笔与行笔，如步如骤，如舒如缓，如云如烟。结构严谨而散淡。点画茂密而疏狂。形态各异，小大由之，无不透出山水的情怀。我看着，赞叹着，心领着，神会着！

《兰亭序》的法帖，我是常临的，常摹的，常读的，常常挂在心上的。寻常，我会把它当作日课，解读它的笔法。从落笔，到运行，到使转，到勾勾点点，到撇撇捺捺。都会看到它的精神，看到它的韵。然而今天的刹那间，我看到的，是一个"空"，是一个夜中布满繁简的星空。我很欣慰，也很自豪！

大抵经典的作品，都是常看常新。而这个常看常新，是夫子之谓的"新"，唤作"日新"！

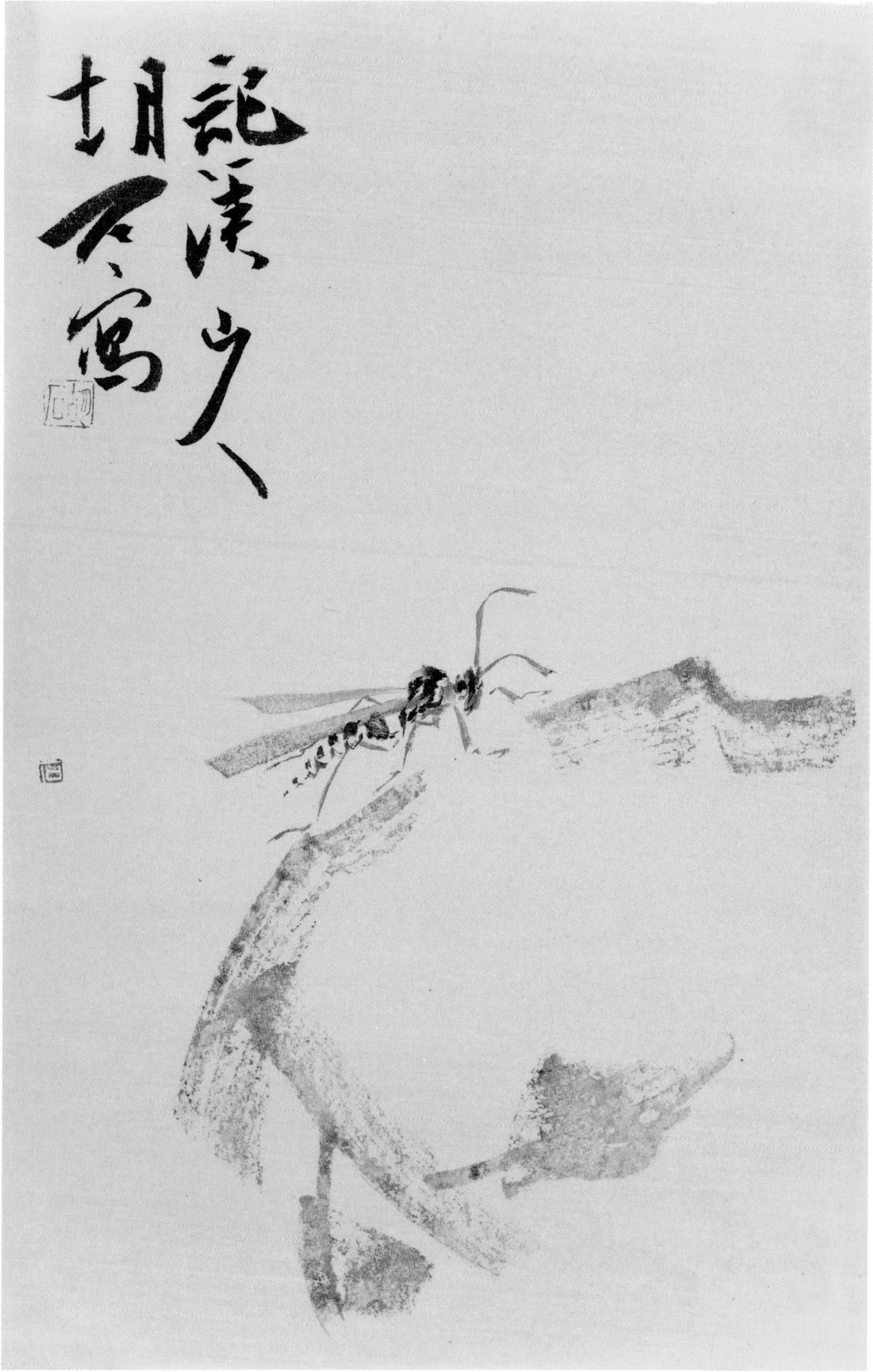

胡石　草虫小品　33×22cm　纸本水墨　2013年

六日，周五，雨。

雨，依然落在凌晨，密密麻麻的，到早晨五六点钟就止了。这个时间，我正入睡。醒来，我问天公："您老人家何不将这美妙的景致留在白天，却是降在夜里，瞒着人的呢？"

我喜欢雨，喜欢听雨，喜欢看雨，喜欢雨的状态，喜欢雨的润物。不论是大雨、小雨、微雨、还是狂风骤雨。只要是雨，我都会欣喜，都会感受到一种快乐！

当细雨纷飞，弥漫在空中，我会独立窗前，欣赏着它的飞扬，幻化出一种遐想；当它轻轻地落在露台上的花竹上，无声地，如丝如缕地，结成晶莹的珠，压着低枝，在幽明之中泛着花光，我会默默地，迁移着神思；好友相聚，我会邀往露台，拉开蔽雨篷，围着茶几，品着香茗，领略着微风，享受着星雨，不时地飘洒着的诗的情，画的意，招邀着灵感，孕育着情致；当大雨倾盆，银河倒泻，大地浑然，汪洋一片，我会奋跃，感慨着它的滂沱，振奋出一种精神的力量；当乌云压城，电掣雷鸣，狂风并作，飞沙走砾，气势如虹。倾刻，雨点乱落。转瞬，风止云收。我会笑，笑它"假大空"。

因了昨夜的雨，因了今天的无聊，发生的一点感想。潦草地给虚度的今天，交一张白卷！

七日，周六，晴。

城市中，很难见到炊烟，尤其是绿树中的炊烟。

在山区写生，写到傍晚，随处可以看到的，被绿树簇拥着的山村的上空，拥起的炊烟。有的成缕，有的成团，有的成蘑菇云。当太阳落山，余晖将尽，夜幕渐渐垂下来，那如缕、如团、如蘑菇云的炊烟，都会集结到一起，又缓缓地、缭绕地散开，化成烟雾，与群山的剪影模糊着，吞噬在青灰色的夜空中。

在崎岖的山径上，绿树的掩映中，骑着牛背，吹着山曲，看着炊烟，想着忙碌在灶房的奶奶，想着黄澄澄的谷米饭，想着弟弟妹妹在庭院里嬉戏，想着父亲母亲正在罢锄待归。这是一个牧童，在我的视线里，在他的归途中。

炊烟离牧童越来越近，牧童离我越来越远，越来越远……远成一个模糊的点，融入在炊烟覆盖着的那一片绿中。那是一幅画。

我凝视着牧童，又回过神来，看着四围的花草，听着啧啧的虫声，和着山村飘来的炊烟，嗅着谷米饭的纯香，腹中发出咕噜咕噜的声来。沿着牧童归去的山径，向着炊烟的山村走来。我忽然想起了古人的诗句"牧童横笛归，日暮有炊烟"。我不禁赞叹："人与自然是多么的和谐啊！"

美术馆的东邻，是一家餐饮的百年老店，建筑是四合院，院中几株老槐参天，枝叶茂密，远望，似一片绿云，遮蔽着这座古老的院落。寻常，我坐在露台上，鸟瞰着这一片绿，和美术馆的粉墙金瓦，和谐地相映着，就已经算作眼福了。尤其是烟雨的蒙蒙，幻化着海市蜃楼的景象，给人如梦如幻的那般，教人忘却了红尘滚滚，喧嚣浮躁的城市，得个片刻的休歇，养着心！

今天傍晚，夕阳已遁入西山，马路上竖着的路灯，放射着刺眼的光。那座百年老店的上空，弥漫着一层浓浓的烟雾，从老槐的树头，从繁密的枝叶缝隙里发出。袅袅的，缭绕的，滚滚的。我看着，诧异着，端详着，打量着。烟雾，时浓时淡。我断定，是炊烟，不是起的火的"灾"烟。我神往了一阵了，遐想起写生的山村，所见的炊烟。路灯越来越亮，夜空越来越暗、越黑，炊烟缭绕到空中，黑成了一团。

城市中的炊烟，是寻常不见的。见，便是冬天的热炼厂的烟囱里发出的滔滔白烟，不是炊烟。炊烟一定在山村，在乡村，和着绿荫，飞鸟，暮霭，才有意思，才有诗的情，画的意。滔滔的白烟，热浪在空旷的青天，单调而乏味。

晚饭后，我呆呆地坐在露台上，回想着山村的炊烟，和刚才发生在眼前的百年老店的上空的炊烟。安静地，安静地，隔壁的音乐响起，静境便砉然破了。

八日，周日，雾。

天快亮了。我似醒非醒的，隐约中又进入了梦乡。

一位长者，身着蓝布衫，面如冠玉，须眉皆白，策杖而来；绿衣书童，“螓面蛾眉，齿如编贝”，婀娜的身段，背负着包裹，尾随着。我正伏案。长者笑着对书童说：“将包裹打开，将那紫毫，那老砚取出来，予书生。”茫然之间，长者已侧转过身去，携着书童，飘然不见了！

绿树丛林下，有泉水清澈。沿着蹊径，踏着绿阶，怀着老砚，搦着紫毫，款款地来到洗砚的池边。池水如镜，绿树假山映在如镜的池水中。濯笔洗砚，池水荡漾起皱纹的旋转。台榭的一角，在波纹中隐现。鱼儿在远方，成群地游过来。倾刻，化为巨鳞，搅动着这一池的绿。

濯洗完了，拾级回房的小径上。朗朗的书声传过来，抬起头，向着书声望去。蕉叶半遮着纱窗，微明的灯光映在纱窗内，和着读书人的影。

眼前一片明媚，无边的湖水泛着银光。极目，水际与天空融为一体了。我从梦中仿佛走出来，揉了揉惺忪的眼睛，起得床来，推开窗，东方已经大白了。

倒上一杯白开，来在书桌前，打开电脑，将这梦中的境，一一写下来。

九日，周一，雨。

细雨如织，又没有一丝儿的风，整座城市都凝结在这蒙蒙的青灰色的苍烟中，心绪也因着这境，沉潜了下来。

沉潜的心绪不益于作画，益于研究，益于解读，益于思考。

窗前的花儿开在那里，默默地，微笑地，受着雨露的滋润。右军的法帖挂在墙壁上，字里行间透出的那般明媚、遒劲，也便进入了那般的遐思。

我问花儿：“你为什么这样开，开出了芬芳，开出了光鲜？”我问右军：“书法果真是一个人的精神面貌，气质的反映吗？”

右军告我：“以万卷书为根基，以万里路为验证，胸中自有丘壑，笔下自有情致。”“我的《笔势论·十二章》是关于笔法的要略，《题卫夫人笔阵图》是明确了书法认识的。有了书法的认识，有了笔法的掌握，有了‘万卷书，万里路’的储备与验证，成就便是个人的了。”花对我说：“我的主人呵护我，珍爱我。我渴了，给我浇水。我饿了，给我施肥，给我培土。我长疯了，长野了，给我修剪、打理。像对待他自己的眼珠似的保护着。”

我对花儿说：“惜花之心我是一向的。当它含苞待放，我能看到它的羞涩。当它绽放出那般的妩媚，我能欣喜着它的雍容。当它娇容玉损，随风零落，我替它伤心，替它落泪。这种心情，应当解我的！”花儿板起面孔，正襟危坐，说：“君所看到的，艳羡的，怜惜的，不过外在的，没有真知的。真知的所见，是用心培护的，培护出一种真情，一种朴素，一种看不到的繁华，此时，花才溅出泪的花。”我恍然若有悟！我又对着右军说：“《兰亭序》的法帖，我是每天日课的，看着那结构，那形态，一年三百六十五天，是每天日课的。然而就是写不出您老人家的那份韵致来！”右军含着笑，款款地说：“以儒家为规矩，以禅宗为思辨，以道家为情怀。三家融通，则思无碍，学亦无碍。而今人浮于世，躁心肆起。何以平心安虑，知止而善。将一星火，看出四方光明。必亦排除万难，穷而后工，则方寸之地，有八荒神明。”我躬而笑，连声喏喏！

回过神来，对着窗前的花，壁上挂着的《兰亭序》，一种莫名的快慰！

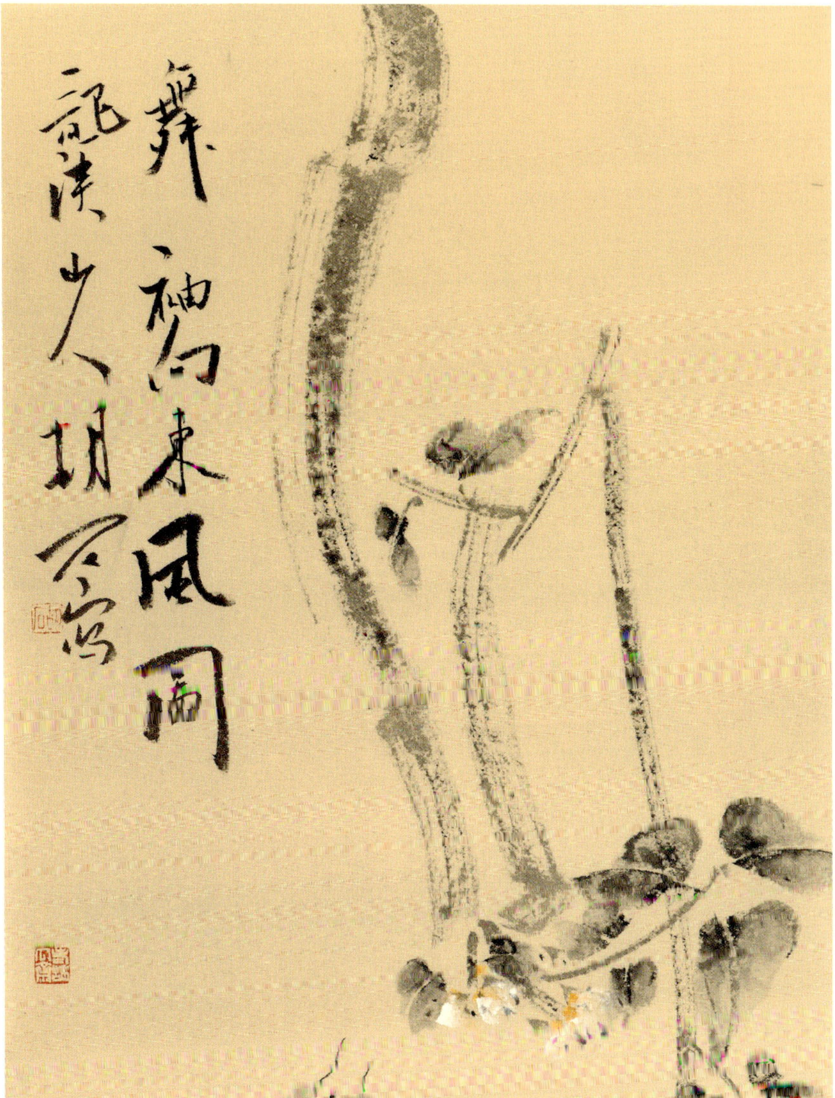

胡石　舞袖向东风　67×32cm　纸本设色　2013年

当代画派研究之花鸟五家

周逢俊

1955年10月2日生。别名：星一、与清，斋号：松韵堂，庄房别馆主人。

北京师范大学山水画高研班导师，北京人文大学兼职教授，中国文化管理学会艺术研究工作委员会常务理事，长城书画研究院名誉院长，周逢俊美术馆馆长，中国美术家协会会员，中国散文学会会员，燕堂门下。

周逢俊松韵堂诗词

自题

我本山中自在人，云心出入不沾尘。
愿将画作才情寄，敢把诗当正义伸。
宁枕残书销魔梦，忌描俗卷骗财神。
身支老骨应风雨，偏与梅花共度春。

2013年3月于宋庄

除夕夜酒后寄怀

厌看新闻报国兴，神伤又近卜春凭。
东君愧对河山碎，孔圣惭教竖子腾。
负史惊魂祈旧庙，良民恨鬼盼真僧。
钟鸣子夜呼朝日，共待苍天万里澄。

2012年除夕夜作于北京

江城子·有感育梅

小枝曲绕任人裁，立黄埃、瘦如柴。所标风骨，只为育奇才。气立仪刚神峻拔，张有蕴，却和谐。

虐梅自古出君怀，陋形骸，作人楷。残行练达，香自苦寒来。玉洁精神凭树立，冰雪处，独怜开。

2012年2月24日于北京

望海潮、钱塘江观潮有感

沧波无序，旋流聚汇，空江万马奔咆。潜浪底翻，风从浪进，横推百里惊涛。形势捲秋寥。气冲斗云汉，声振天蛟。激发心澜，壮怀催我入狂飚。

观来鼓角同操。数宾朋百万，势合滔滔。皋上放怀，凭栏旷远，江山亘古娇娆。谁能占分毫。唯向千夫指，侵寇负僚。尔若贪心作祟，且看怒江潮。

2012年10月于杭州

水调歌头、中秋感怀（兼缅怀父母）

纡郁系明月，负愧怅秋空。寄怀欲诉谁与？万里一岗松。旧恨新愁日共，结轸长宵难解，垂泪对归鸿。生死杳相隔，思念酒千盅。

恍如梦，志未举，忽成翁。天涯岁岁，惊叹枫叶又飞红。自古人生如是，羁旅陈桥旧渡，天际起悲风。老步丈程远，日脚太匆匆。

2007年中秋

重阳

独上苍茫一望空，家山杳渺隔寒濛。
黄花带泪分人怅，翠艾低咽共我恫。
最怕疏林听杜鸟，堪忧寥廓送归鸿。
人生岁老自相忆，倦旅常温故旧中。

2010年农历9月于燕山

读陈寅恪

济世鸿才少已张，泛舟欧美学无量。
诠书埋合千年志，译卷言通万国章。
气立辞刚横峻骨，风高意振纵清狂。
宁孤不与毛公伍，抱寂长吟对夕阳。

2011年3月23日晨

游览黄山

——从前山入天都至玉屏楼

一溪春水带香流，风过鸟声处处幽。
烟壑弥如天国往，云峰幻若瑶台游。
莲花抱日观苍海，石笋扪参瞰古州。
堪与杜鹃争俏丽，借扶竹杖到山楼。

2012年5月于黄山

周逢俊　林中京幻风　秋　180×300cm　[illegible]

游蒋公故里有感

空壑清钟若许愁，兴亡境自后人游。
阙前丽水浮孤鹭，祠下嘉槐守旧楼。
疲与党争销帝运，怠同倭斗失天酬。
剡溪一别成追忆，雾里江山几钓舟。

2012年岁末于奉化溪口

游天一阁遂题

池馆寒烟冷落中，筱凝残雪满疏丛。
楼台旧地多番事，帙卷沉龛几易公。
经史何曾埋峻骨，栋梁犹自起罡风。
长宵忍对东明诉，天下茫然一絜翁。

注：东明——天一阁主人范钦号、天一阁又称东明草堂

2012年岁末于宁波

周逢俊　咏丑石图　240×119cm　纸本设色

周逢俊　墨牡丹图　240×119cm　纸本水墨

周逢俊　满园清香　纸本水墨

周逢俊　梅花　240×119cm　纸本水墨

周逢俊　趣　纸本水墨

周逢俊　蟾　纸本水墨

周逢俊　蛙　纸本水墨

碧水金荷
丁丑春庸健製

当代画派研究

之

花鸟五家

贾广健

河北永清县人，1964年1月生。

1984年毕业于河北工艺美术学校。1991年毕业于天津美术学院中国画系。1994年天津美术学院中国画专业研究生毕业并获硕士学位。被评为天津市文艺新星。获天津市鲁迅文艺奖。被中国文联授予『全国百名优秀青年文艺家』。中国文联第一届『德艺双馨』会员。被中国文联、中国美术家协会评为97中国画坛百杰。

现为中国国家画院艺委会委员、青年画院副院长、国画院专职研究员、教授。天津美术学院中国画系教授、硕士生导师。中央美术学院特聘教授，解放军艺术学院特聘教授，荣宝斋画院特聘教授，中国美术家协会会员，中国画学会理事、中国工笔画学会常务理事、北京工笔画学会理事、天津美术家协会理事、天津市第十一届青联常委。

贾广健　碧水金荷　65×72cm　纸本设色　1998年

贾广健　寒塘幽韵　219×170cm　纸本水墨　2009年

从传统中一路走来

——贾广健访谈

采访人：温美玲
受访人：贾广健
时　间：2013年9月
地　点：中国国家画院

温美玲（以下简称温）：在中国当代画坛像您这样工笔与写意花鸟兼擅长的“双枪将”画家还是较少的，而且两者都有自己的特点，您是如何做到的？

贾广健（以下简称贾）：你说的“双枪将”指的是什么？

温：就是工笔和写意画皆擅长的画家。

贾：这个说法我暂且接受，这要从我学习中国画的经历说起。我对中国画的学习最初是由写意画入手的，特别是大写意花鸟画。我首先系统地学习了徐渭、八大山人、吴昌硕、潘天寿和李苦禅等大写意花鸟画家，那时最喜欢的是八大山人的画。因为艺术的学习首先要从前人大师的作品中吸收营养，特别是吴昌硕、潘天寿、李苦禅等。他们代表了中国二十世纪中国花鸟画的最高成就，也是标志性的画家。从这个角度来看，我最初接触中国画是从传统笔墨入手的，从大写意花鸟画中继承了中国文人画的笔墨传统。由中国文人画的笔墨传统而逐渐地对中国画有了比较深入地了解。

从八十年代初期开始，我用了将近十年的时间潜心于写意花鸟画的学习和研究。当然，在这个过程中也有很多变化，从学习齐白石、李苦禅，到后来对石鲁、王雪涛等画家的研究，再后来又回归到对历代花鸟画家，如八大山人、徐青藤、陈淳、沈周等的学习和研究。以及后叙续对海派诸家的关注和研究，都使我拓展了眼界。逐渐对中国花鸟画有了新的认识。这种学习经历是从文人画中的水墨画入手。

温：您的从艺经历有一定的独特性。后来的哪些学习使您有了更大的变化？

贾：九十年代初期，我开始转入到工笔花鸟画的学习创作。在工笔画的临摹和创作中有了更大的转变，这个转变的重要标志就是由对写意文人画笔墨的兴趣转向对工笔画的学习直至真正转入到个人风格的创作，从而走向一个探索性时期和创作的成熟期。

我从中国画的传统转入创作的状态始于写意画。当然，在画写意画时并非没有进入创作状态，只是更多的是在接受传统笔墨创作的理念，中国艺术精神在写意文人画画中的体现。使我对中国画的创作思想和笔墨内涵有所领悟，掌握工笔画的绘画技法，同时，要进入到一种创作的状态。从另一角度去看，由写意转变为工笔，这种转变实际上是从一个更广阔更宏观更全面地认知中国绘画。技巧和表现方式的转变背后则是从思想上对中国画的理念和精神的坚守和延续。

温：是在深厚累积对中国花鸟画的传统之后的厚积薄发。

贾：是的，中国画传统更多的表现在元明清以后的写意文人画之上。中国文人画的创作思想的形成与笔墨表现方式的完善是中国绘画的一次大的飞跃。我非常喜欢八大山人的作品，在写意画的学习过程中有很长时间在临摹他的花鸟画。后来转入到工笔花鸟画，这种转变实际也是我学习创作状态的新阶段。将大量的对传统的学习。通过工笔画的创作真正进入到独立思考，独立创作的新阶段，这其中更多的是思想的准备，这种思想上的准备就是对中国画写意精神的理解，中国画艺术表现的精髓是“写意”，而手段有“工笔”和“写意”两种表现方式。

对于创作而言，当时就特别关注生活中了解和看到的事物，于是静心沉思，如何以自己的笔墨语言去表现？这是我那时一直在不断思考的问题。在过去十年间的写意画研究过程中，更多的是在学习李苦禅、王雪涛、齐白石、吴昌硕的笔墨，但在学习的过程中却失去了自我，而绘画的学习最终转化为自己的东西才称其为艺术。要在客观自然、生活体验中发现那些让我们感动和向往的事物，并用独特的笔墨语言表现出来，在传统中溶入自我，又不失艺术的当代意义和价值。当然在初始阶段难免会有一些障碍，不能达到自己所追求的效果，于是开始寻求一种适合自己的新方式，在探寻和思考的过程中我选定了工笔花鸟画。以工笔花鸟画的语言表现自己的所思所感，以及在生活中令我感动的事物并在探寻中不断思考，如何以工笔的方式去表现？于是开始了一个新的尝试。

这个新尝试对我是一个新开始，也是一个挑战。在这种转换过程中可以说是非常困难的，更无从谈以笔墨语言去表现了。做个比较，画写意画一个晚上画十几张，转换成工笔的方式后，完成一张工笔画需要很长时间也很费心力。因为绘画语言的表现方式、阐释方式产生很大的变化，由写意转换成工笔的语言方式是一个蜕变，非常艰难。我在创作《秋籁无声》那件作品时，从1991年冬天开始创作构思到转年的四五月份才完成，在这段时间里，我把大量的时间放在这幅画的创作上，当我完成了这幅作品后，再用笔墨语言去表现时却感觉非常生疏，画的一些写意花鸟感觉像初学者，说明两种语言转换的创作状态是不同的。这种蜕变奠定了我在艺术上的转变，同时对我而言也有里程碑式的意义。

当然，艺术创作必须要进入到一个真正的创作状态。所谓创作状态，我的理解就是用自己的艺术语言表现自己对当下生活和自然的真切感受，与表现对象要产生一种互动，你能感受到他的存在，一种“你中有我，我中有你”的感受，这种感受是在生活中逐渐渗透到自己内心的东西，通过作品把它表现出来，一件好的作品是可以通过作品而触摸到作者心灵的生命律动，就是这样。

回过头来在谈谈你刚才所说的工笔和写意的问题，在中国绘画史上工写兼能兼精的画家不乏其人，比如齐白石精细入微的工笔草虫，以及似与不似之间的写意花鸟造型简洁笔墨凝练，张大千工细的工笔人物和花卉以及酣畅淋漓的泼墨山水、大写意的荷花等等，我觉得作为一个画家，“工”和“写”本身只是一种表现语言的形式而已，但对于画家而言，能驾驭得了不同表现方式是比较困难的，可以说是一种考验。从前人的花鸟画中我们就能够体会出来。很多画家各有所长，只是“工”、“写”、“繁”、“简”、水墨与设色的区别，有的善于“工”，有的善于“写”，有的善水墨，有的善于用色。比如说吴昌硕，他更多的把金石书法的味道融入花鸟画的笔墨语言中，他在其中就没有工笔画所要表现的客观自然的东西，而更多的则是对笔墨精神的一种阐释。这是一种类型的画家。“工”和“写”的画家各自以不同的表现方式去表现，各自有各自的对艺术规律的把握。至于“繁”“简”哪个更好呢？有的画家的画面很饱满，有的却很空灵飘逸，有的千笔万笔不多，有的三笔两笔不少。作为艺术的欣赏与判断，对于观者而言都有自己的趋向，我认为只要作品好，“繁”“简”（艺术风格）无所谓好坏。就艺术表现的境界而言，绘画本身的繁简工细不具高低贵贱之别。画的工细繁密的艺术家也可以达到一种非常感人的境界，达到很高的境界，并不是至简一定高明，或至繁就一定好。

温：那么是不是画的越象客观物象，越充分越好呢？

贾：不见得。艺术作品不同的表现方式以及所传达出的不同的思想会使人产生不同的美感，多与少，繁与简，工与写皆能达到很高的艺术境界，不在于是否精细入微到很像客观物象，要从艺术作品本身去看待。

温：收藏方面呢，是工笔的价值更高吗？

贾：这是一个很世俗的话题。要看收藏者本人，品味高的收藏者应该是有素养有文化内涵的欣赏者，他关注的是艺术作品本身所蕴含的深层涵义，而并非以艺术风格的不同来判断。具备如此素养的收藏者，既能理解工笔画繁复中精微中所蕴藏的内涵与美感，同时也能欣赏中国画笔墨语言可传达给人的精神意蕴，特别是中国文人画梅、兰、竹、菊，从简约的笔墨中传达的意境，也能体会到艺术作品和艺术家的高明之处，这是一种很高的鉴赏眼光，他应该是没有偏见的。当然一位鉴赏者必定也会有自己的喜好，同样是一个水平的两件作品，工笔与写意在市场的价值认定恐怕应该有很大的区别吧？但他对境界高、品味高的艺术作品会有一个判断标准，这个标准取决于鉴赏者的学养和品位。

贾广健　不染　134 × 65cm　纸本设色　2010年

贾广健　华实图　46×56cm　纸本设色　2011年

贾广健　没骨花卉　46×56cm　纸本设色　2010年

贾广健　竹石图　30×65cm　纸本水墨　2011年

贾广健　清塘拾旧藕　30×65cm　纸本设色　2011年

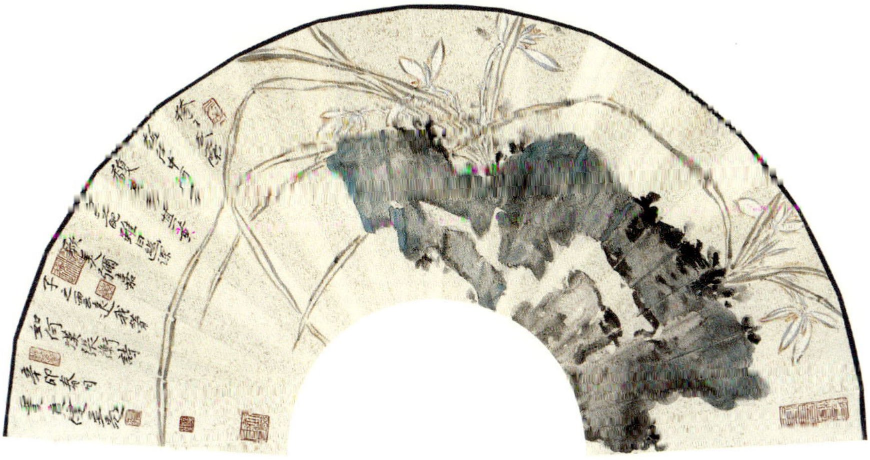

贾广健　兰石图　30×65cm　纸本设色　2011年

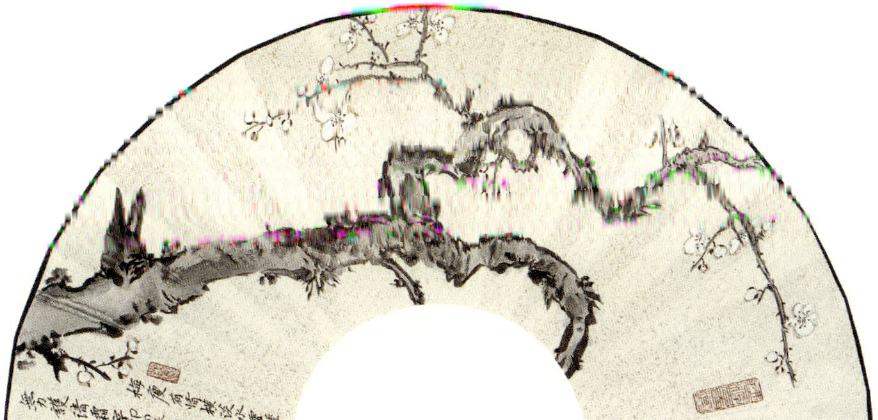

贾广健　梅　30×65cm　纸本设色　2011年

当代画派研究

之

花鸟五家

乔宜男

1958年3月11日生。

1980年毕业于西安美术学院国画系，1983年毕业于西安美术学院研究生部，获文学硕士学位。

现为中国美术家协会会员、教授、硕士生导师、中国画学会理事、中国国家画院特聘画家、一级美术师、研究员。

工笔画作品入选第八届、第九届、第十届全国美展。获第十一届全国美展优秀奖、第二届全国工笔画大展银奖、全国美术院校美术作品展优秀奖、首届全国艺术院校教师作品展铜奖、全国青年美术邀请展铜奖等。

乔宜男　新篁清韵　190×170cm　纸本设色　2004年

成人艺术

撰文：乔宜男

欲扫画笔出幽荷，涤荡青泥，
暂求一刻平静时，再观南山苇旁，还是花竹美。

37岁是许多西画大师的命坎，拉斐尔、卡拉瓦乔等在37岁结束了生命。近代油画大师梵高在37岁时用手枪向自己的胸膛开了两枪。他们都是在这个年龄达到了艺术的顶峰而走向了生命的终点。

但37年的时间对国画而言是连起步的门槛都不会跨过的。齐白石57岁开始衰年变法，90岁达到艺术的辉煌，八大山人、黄宾虹等艺术大师如果没有时间的积累就没有他们技艺的完善和艺术的最终成熟，更没有国画大师名分的确立。

有人说西洋绘画是青年人的艺术，其艺术积累较多依据个人经验，画家个体的生命体验在创作中占有相当的分量，个性的思想情感左右着作品的整体基调。所以西洋绘画展现的更多是青年人的激情，它是以青春为原料的艺术。而中国画展现了更多成人成熟稳健的性情，在中国画里创造性也是第一位的，但中国画的创新是建立在继承前人宝贵艺术经验基础之上的。中国画强调共性或规律性的审美，并在此基础上融入个人的生活认识和对中国文化的理解，所以中国画展示了一个人成熟阶段的审美经验。此刻热情已经凝聚，激昂化作了坦荡舒缓的徜徉，个体的艺术经验已经沉淀为美的定律。它的情感是千帆过后的沉稳，是大浪于前的淡定，是阅尽千色后一笔淡墨的润化。

西方美学家认为直觉的审美冲动中包含着泛性的成分，而弗洛伊德的泛性论更为西方艺术注入了理论的支持，各种流派和不同审美层面的人体绘画艺术贯穿着西方美术发展的各个阶段。而在中国画里，只有精神上的审美进入到了艺的层面，直觉的审美冲动被牢牢界定在艺术之外。由此中国艺术的品格也超越了生活大众和凡人世欲而成为社会上游的精神集萃。

中国画的主流是文人画，文人画多寄情于山水，寄情于梅竹。有人以此为据，认为传统中国画缺失对生活的关注和对社会苦难的反映，是一种远离社会的个人情感。岂不知由于审美阶段的不同，中国艺术关注社会的目光已经笃定沉健。遇世事悲欢，不再惊讶、不再激愤，更无恐惧，不需呐喊。面对人性阴暗，已经习以为常，已在意料之中。对待丑陋逆行它已不会像年轻人那样不解而愤懑。故中国画在审美上已经超越了聚合发展阶段，走向沉稳积健。它的目光投向绘事千年的流传，看尽世态辗转，万相丛生。欲扫画笔出幽荷，涤荡青泥，暂求一刻平静时，再观南山苇旁，还是花竹美。

2012年11月6日于北京

乔宜男　荷韵　180×90cm　纸本设色　2012年

乔宜男　游鳞　68×68cm　纸本设色　2013年

乔宜男　静夏　200×190cm　纸本设色　2012年

园庭信步
——进入花鸟画的精神实境

撰文：乔宜男

信步园庭，自徘徊。

国家画院坐落于北京三环里紫竹苑畔，周边环绕紫竹立交桥及西三环主干道。繁华鼓噪的都市里，画院静谧的苏式园林像是被城市遗忘的一块异域，由于大门开在内侧，并不被一般路人所知，但进入后，二道门明代木制的九重门楼一下就把人带入那个被遗忘的空间和时间里。院内廊桥回绕、树木葱郁，远观古塔隐约、近视风吹簇竹，行走中身边半亭映水，可观石观鱼。

园中工作生活几月有余，忽然发现：二十余年来，我涉足深山所捕捉的鸟影幻花；我在七塬的阳光下所速写的柿树碧影；我四处搜寻的灵石游鱼……等等早就被浓缩在了这园中，并且罗列的是这样的浓，像是咫尺之内的自然再造，罗列的是这样有致，巧妙的空间分割，使之庭园深深，时而产生柳暗花明的审美惊喜。

曾经去过的园林：个园、留园、拙政园、狮子林等等都不曾产生过如此的感念，可能当时只是把它们当作了途中的一个游景，而没有纳入心中去体去悟，更没有把自己纳于园中让自己融进去，让心和眼前的实境相融。忽然一下子就明白了古人：园庭是寄托文化精神的画境，更是花鸟画审美精神的现实实境。

信步园庭，自徘徊。中国花鸟画的精神实境寄托于园庭，但园庭不是自然中的自然，而是文人心中自然的现实境界，是一种第二性的自然。这种自然是隐秘而稀少的。从古至今，不论平和岁月或是兵乱年代，它隐匿于普通巷间，门庭与邻里无异。但入内坐于桌前则古籍陈案、书画悬壁，窗棂外天竺带雨、芭蕉荫郁，曲廊里圆门映疏竹、假石独俱意，白粉墙前三两株腊梅横斜疏影，乱石潭内一片片游鳞相簇成趣。

乔宜男　清竹图　28×65cm　纸本设色　2013年

乔宜男　叩问　28×65cm　纸本设色　2013年

乔宜男　静夏　180×90cm　纸本水墨　2012年

乔宜男　听雨　180×90cm　纸本设色　2012年

当代画派研究之

都市水墨

马波生

马波生　深圳工业园　45×60cm　纸本水墨　2001年

马波生

字朔江，号迷翁。

1942年2月16日生于陕西，祖籍江苏。

1985年于中央美院卢沉工作室研修，其国画人物作品曾两次在全国书画大赛中获一等奖，书法作品曾四次参加国家级展览。1986年于北戴河拜李可染先生为师。1987至2013年先后于北京中国美术馆、香港包兆龙画廊、上海、深圳、杭州、无锡、合肥、徐州、扬州、美国洛杉矶、澳门、韩国等地举办画展。

曾出版12本书画集。山水作品《陕北瑞雪》、书法作品《米芾西园雅集图记》先后被中国美术馆收藏，曾三次参加深圳国际水墨画双年展。

现为中国美术家协会会员，中国书法家协会会员，深圳大学教授、书法研究员，澳门《中国画坛报》主编，安徽师范大学兼职教授，山东理工大学美术学院兼职教授，中国矿业大学艺术与设计学院客座教授，李可染画院研究员，黄山水墨画研究院院长。

都市水墨画开拓者

撰文：刘大为

波生的都市水墨、安徽民居，
语言越来越鲜明，水墨意蕴越来越醇厚。

波生曾经说：“造型功夫是创作的前提，也是提高审美的一个重要环节，只有造型功夫深厚，到大自然中去写生，或对景创作，才会把握那生机盎然的自然气息。”

在美院学习期间，其作品经常在报刊杂志上发表。我曾在人民日报的副刊上看到他的一幅名为《孤驼》的山水画，很抢眼。我不知道他用的是什么技法，把西部高原沙漠的苍凉表现得如此淋漓尽致：一个藏民牵着骆驼在风沙中奔走，意境深远。编辑还为这幅作品配发了一首小诗，给我深刻的印象。

其间，波生的人物画作品《柳宗元读书图》和《一个和尚》分别获得全国书画大赛一等奖。一年之中得两次一等奖，实属不易。

1987年，波生在中国美术馆画廊举办书画展。美术馆收藏部选了波生的一幅山水画《陕北瑞雪》作为馆藏作品，这是波生的作品第一次被国家收藏，作为刚从美院结业的他来说诚然是个莫大的荣誉。 波生拜可染先生为师，曾有一段轶事。波生祖籍徐州，和可染先生同乡，在美院学习时，又和可染先生的幼子小可同窗。波生经常跟小可一起回家，有机会见到可染先生。

每逢暑期，可染先生一家到北戴河度假，波生曾连续两年跟着小可一起到北戴河。在北戴河期间，可染先生曾多次为波生讲述绘画的道理，尤其是辨证法讲得最多。

1986年的夏天，可染先生写了一幅《金铁烟云》的书法送给波生，并问波生懂不懂这四个字的含义。波生回答：“不懂，请先生指教。”可染先生讲：“唐代有个大书法家李北海，当时人们称他的字既有烟云的缥渺，又有金铁的骨气。”可染意在鼓励波生习书要追求晋唐之风。这幅书法落款写着“波生弟清属论定”。当时波生感动得连连拜谢，但不知大师用意。后来，别人告诉他款上落着“波生弟”，那就是承认你为弟子了。次年在师生堂补了拜师礼。

二十年前，波生由徐州国画院调到深圳，那时起，他开始专攻都市水墨，房屋街市成了他经常表现的主题。

近十年来，波生的都市水墨、安徽民居，语言越来越鲜明，水墨意蕴越来越醇厚。同道们只要提到马波生都知道他是画城市的、画建筑的，可见他的画已有了鲜明的个人面貌。他的这类作品个性突出、内涵丰富，独标画坛，殊为难得。《人民日报》海外版为他报道中曾提到“马波生是都市水墨画的开拓者之一”。

如今，他的都市水墨手法多样，有的以线构成，有的泼墨渲染，还有的燥笔皴擦。他的此类题材语言多样，变化层出，把传统水墨的空灵境界与西方绘画的构成融为一体，体现出了波生艺术激情和创造

马波生　上海民居　85×70cm　纸本水墨

马波生　曼哈顿印象　75×80cm　纸本水墨

力。

波生曾是军旅画家。60年代在部队电影队工作期间，曾在全军幻灯组画比赛中获过大奖。

波生速写功底很深，一有闲暇，就画速写。在美院经过系统的素描训练，他能用刀子在硬纸板上对着模特画速写，导师卢沉、周思聪都给予很高评价。国画系至今还收藏了波生的两幅刀刻速写。

如今，波生年愈七旬，但始终像个年轻人，朝气蓬勃，在大型艺术活动中，都能看到他的健朗身影。

波生不仅是位画家，同时是一位优秀的办报人。2000年他创办了《中国画坛》报，在画界和美术院校中颇有影响。有一次我在香港举办画展，没想到在开幕前，他用《中国画坛》报为我编排了四个版面的专刊，送了一千份到展览厅，此事令我非常感动。

近年来，波生的作品《上海外滩雪》《都市晴雪图》《多伦多印象》《宏村朝晖》等作品频频在各种报刊杂志上发表，引起了画界同道的广泛关注和好评。

波生有一种理念，即作品不复制古人，不雷同今人，亦力求不重复自己。所以他的画形式多样，立意新颖，具有鲜明的时代感。

在他的画中，每每会题上他的感悟和诗词，而且我们还能欣赏到他那功力深厚的书法气象，充分展示了中国文人画的底蕴。

如今，马波生是深圳大学美术系的教授、书法研究员，中国书法家协会、中国美术家协会会员，是李可染大师山水画传人之一。

2012年8月，李可染画院正式挂牌成立，他被特聘为研究员。

我相信，凭着波生对艺术的执着追求，在未来的岁月中，定会取得更大的成就，尤其在都市水墨领域中会创作出更多境界更高的作品。

马波生　深圳工厂区　45×60cm　纸本水墨　2001年

蔡葵　远方　200×180cm　纸本设色　2010年

当代画派研究之都市水墨

蔡葵

1[illegible]56年[illegible]月[illegible]日生，安徽省安庆人。

[illegible]8年毕业于解放军艺术学院美术系中国画专业。中国美术家协会会员，国家一级美术师。

现为中国艺术研究院中国画院专职画家。

被多家艺术机构评为当代最具收藏潜力的画家之一。

蔡葵　白云之恋　136×68cm　纸本设色　2012年

蔡葵　心愿　纸本设色　180×90cm　2010年

蔡葵　清音　136×68cm　纸本设色　2013年

蔡葵　新月　180×90cm　纸本设色　2011年

蔡葵　千籽莲　136×68cm　纸本设色　2010年

蔡葵　正午的太阳　180×68cm　纸本设色　2011年

当代画派研究之

都市水墨

石晓

1960年3月12日生于南京。

1978年考入江苏省国画院学习，毕业后留院从事创作。

1988年至1990年赴日本留学，在日本武藏野美术大学造型艺术系攻读研究生课程；

1990年至1991年在日本千叶大学攻读研究生课程。

现为江苏省国画院一级美术师。

石晓　赏石图　85×68cm　纸本水墨　2012年

石晓　荷风　136×68cm　纸本水墨　2013年

石晓　室内一　65×58cm　纸本水墨　2013年

石晓　室内二　90×68cm　纸本水墨　2013年

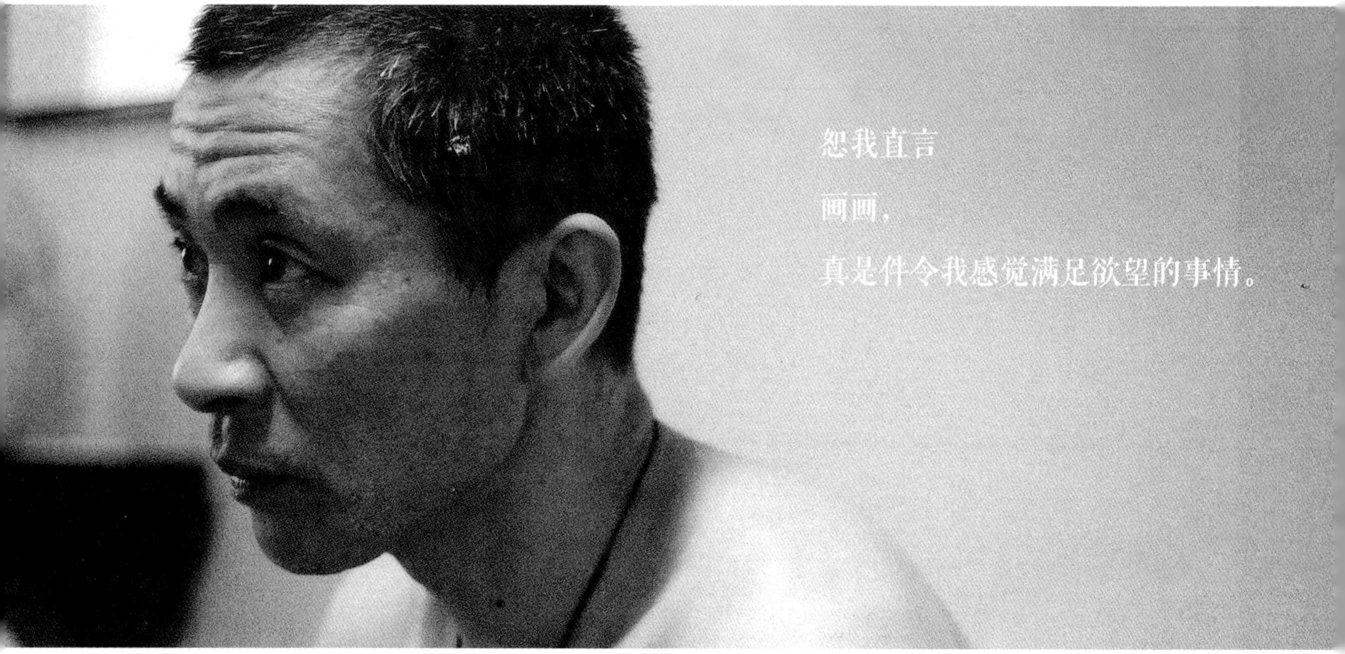

当代画派研究

之

新文人画

高旭奇

1957年12月8日生于辽宁丹东，祖籍山东蓬莱。历经工、农、兵、大学教师。中国艺术研究院研究员，辽宁博物馆特聘研究员，长沙师范学院副教授。

我的写意思索

撰文：高旭奇

真实只是自己主观的东西而已。

写意这个词不单单是关于绘画的，写意有时也关乎“一瞬”和漫长时间过程中的体悟。写意有时是大醉后的初醒，有时是“大染缸”里的波涛汹涌，有时是专注、复苏、创作、灵感……

——每一个艺术大师的作品，都存在着某种欺骗的因素，你越是喜爱，就越易迷途于他的艺术骗局，以至于自己一无所知，因为这里可能还有艺术以外的骗局。

艺术圈如果要刺激一下自己，你就要去见一些所谓的艺术家，这个圈子里，疯子多，傻瓜更多。有忘乎所以的，有四大皆空的，有的他妈连路都不会走了。见这样的人之前你要有心理准备，你不能有讨厌的心态，你也不能有可怜的心态。

——活着就是一种修行。这个时代，佛都要哭了，不要脸的人却不会脸红。体会之后，才知道慢起来便是真人。

——艺术需要它自己的真实。在一件作品中，存在着两者之间的某种融合，一个是作者自己，一个是作者的幽灵，好的创作含有某种欲望。

——你要想使你自己有救，就不要哗众取宠，故弄玄虚。而是要以最大的诚实，去表达你的所感所想。

——岁月的流逝，让我感兴趣的越来越少了。

流行的东西往往都是闲暇休息的宠儿。快乐取决于去看，去品味的过程。

——对艺术一窍不通的人，欣赏一张画的时候，计算的是钱与名。

——今天的文人不要老说我就是个闲人，感觉很洒脱似的。我活到近六十岁还没看到真正的闲人。闲人是潇洒的、恬淡的，是出世无所羁绊的，而非无事的闲人。闲是心灵的自由。我向往在世俗之外，在功名之外，在一切束缚之外的闲。“逢人不说人间事，便是人间无事人”。今天的文人不要轻易说这个“闲”字了，如不能自净其心，何来闲字？

——我每天在家画画，二十四小时开着中央新闻滚动联播，但我从不关注屏幕。周围的朋友都劝我到北京去，我淡然一笑，我只对个体艺术家的作品感兴趣，我为自己的安然而自豪。

——我不唱歌、不锻炼、不钓鱼、不吹捧、不坑蒙拐骗，不在乎谁的名声大与小，不为我的观众操心，不在乎一切。真的，我只是一个天生的画家。

——别人说我的作品有禅意，其实我的生活一点禅意都没有，按我的话叫“须耐烦”。

——我画画完全是出于个人的兴趣，而展览发表作品则是为了金钱。

——我一个朋友说，中国人物画家，只知道范曾，而不知道高旭奇。一说明旭奇太弱，二说明现在的审美降低了。我抽了一根烟说：“你说的不对，因为我牛逼得德行不外露！”

——我从不追求既麻烦又没有希望的东西，在我面前给我诱人“果实”的人，打住吧！我比你还江湖呢，我比你还庸俗呢。

——固执的人有时也是诡异的。

——偏见不一定就是愚蠢的，不必为了顺从讨好别人而扭曲自己。

——别人很容易漫不经心地八卦人和事，你要理解要宽容，其实那些都是荒唐无聊的东西。

——不要把“天才”这个词用得太随意了。我画一张画的时候，就白了一根头发。苦乐参半。

——我的内心是寂静的，但我还是不知道怎样安慰我的内心。现实就是这么让人惊恐！往往越是你身边的小人，吃你的喝你的，越是在众人的眼前拿起尖刀直捅你的心脏。

——面对今天，今天的生活远远超出少年的雄心；面对未来，不过是一头白发。遥思远寄，满怀感恩，就不愧对生命中的每一个人。每天刮脸以便随时随地面对虚伪，一切都是虚幻。

——我前世可能是个和尚，今生却没法变成任何人——一个严守情绪的隐私人。我不想成罗汉，不想成佛，我就是我。

——人生真如同梦魇，我眼前一片模糊……

——几千年来，文人都在无奈，文人就是为无奈而生的，文化艺术也是来自于无奈。

——人分四种：正经的、不正经的、正经的装不正经的、不正经的装正经的。我是那种正经的装不正经的人，说起话来不正经装正经。

——我想我自己怎么这么有才呢？百思不得其解，梦里都在偷着乐。我上辈子可能是个“裁缝”。

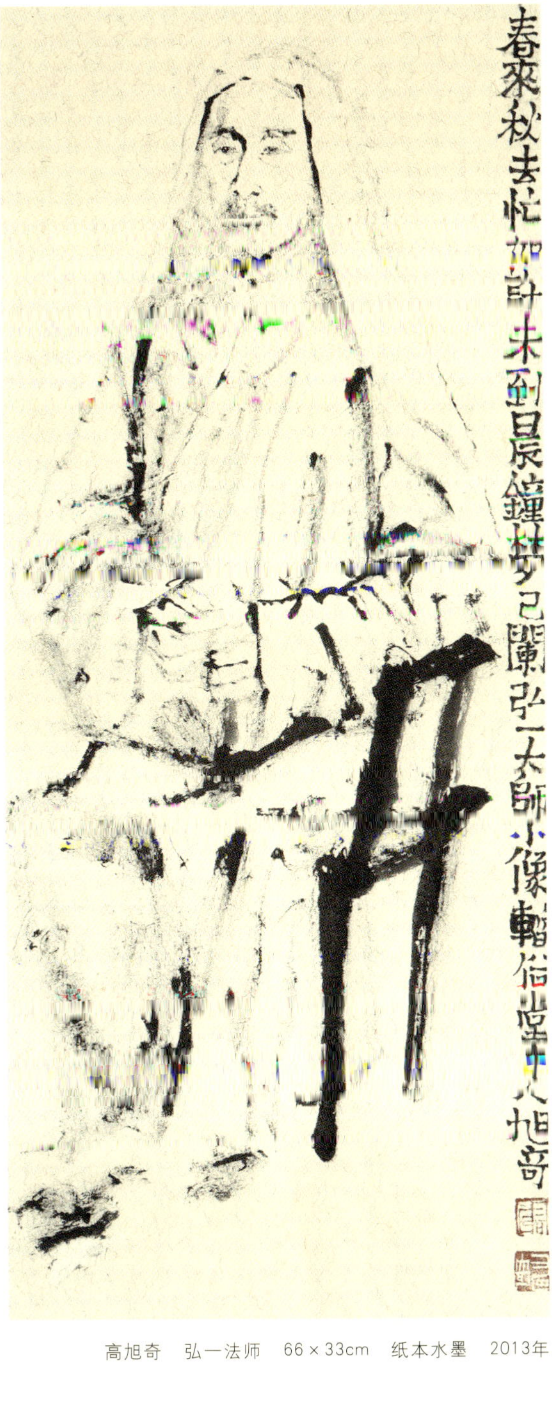

高旭奇　弘一法师　66 × 33cm　纸本水墨　2013年

高旭奇　吴昌硕　66 × 33cm　纸本水墨　2013年

高旭奇　鲍勃迪伦　66×33cm　纸本水墨　2013年

高旭奇　石鲁　66×33cm　纸本水墨　2013年

高旭奇　林风眠　66×33cm　纸本水墨　2013年

高旭奇　宋雨桂　66×33cm　纸本水墨　2013年

当代画派研究

之

新文人画

何士扬

何士扬　秋山品茗图　33×46cm　纸本设色　2013年

何士扬

1962年5月生于福建泉州。字壬元，斋号：印芯斋、雍言馆。

中国美术学院教授、博士，硕士研究生导师。

曾先后毕业于福建工艺美术学校绘画专业、浙江美术学院（现名中国美术学院）国画系，2009年获中国美院国画专业博士学位。1998年起任厦门大学美术系副主任，2002年调入中国美术学院任教至今。

现为浙江画院、西泠书画院、泉州画院特聘画师，中国美术家协会会员。

清风朗月 舒怀心性

撰文：张继刚

> 对一个时代的画风研究必须要落实到这个时代的大文化背景及每位画家的师承关系上，这种深入精微的学术研究对美术史及画家乃至对其作品的传藏有着积极的历史意义。

绘事之远，以人物肇基于魏晋，士人之笔犹显于画坛，顾、陆、张、曹诸家史有声誉，名迹庋藏今日尚能观之。故图画之妙至古及今虽有时代风貌，然画家心性各自殊异，学养博微文心画境有所不同，图迹有别，但总体上还是一脉相承，作品交相辉映，留墨迹于人间。

当代著名画家，中国美术学院教授何士扬先生，笔下人物多与高隐处士阇黎宗师，以清逸之笔纳乾坤万象写胸中山水之间，亦以文心抒怀飞白寄情山上之韵，笔墨生动，造形准确，神态各异，于不经意中流露出气清韵雅之美，巧秀中呈现出山川溪水之势，楼阁疏柳之景，松荫童子之悦，花木兰草之幽。图中高士或放怀山野，竹海晨歌，或孤山吟句，梅妻鹤子，相约赋句，风吹葛巾，或各藏异态像有清风朗月之晖，亦传漫妙寻菊篱下之心境渊明之遗意。有大德高僧者宏法慈航，莲舟载众，云山禅机，真境幻化一宇宙，祥瑞之象如日月光明普照大地，图像怀德之美亦显示出画家心性通佛境之不二法门，故图迹有誉声观之亦知何士扬画作内藏之广大，追魏晋风尚，画格入宋人堂奥有古贤遗风，实为今日画坛难得之笔墨矣。

对一个时代的画风研究必须要落实到这个时代的大文化背景及每位画家的师承关系上，这种深入精微的学术研究是对美术史及画家乃至对其作品的传藏有着积极的历史意义。是对当代美术史的贡献与全面解读画家作品及人格、学识、修养的完整记忆，史有存篇。从何士扬先生近年创作的作品中我深刻地感受到他的作品蕴藏着浓郁的民族精神，人文情怀。诗境画品，人格与画外修养在内涵中相得益彰，这将会给何士扬教授日后的创作带来丰富的内容，从而也将会奠定他在画史上的地位，这是我对当代绘画诸多作品赏鉴所预见到的必然结果。

何士扬先生，福建泉州人，幼承庭训，总角之期亦与书画结下翰墨之缘，弱冠之岁旋即得名师垂爱，受学于浙派大家吴山明先生教诲，承旨古六法，与日精进，于不惑之年亦以名教授之位讲习于中国美院，开设鉴赏文房纸墨研究生之课程，桃李浙东有誉矣。

何士扬　游春图　33×46cm　纸本设色　2013年

何士扬　张天师　33×33cm　纸本设色　2013年

何士扬　布袋和尚　33 × 33cm　纸本设色　2013年

何士扬　观音菩萨　33×33cm　纸本设色　2013年

何士扬　渐入佳境　33×46cm　纸本设色　2013年

许宏泉

当代画派研究之新文人画

1963年5月27日生。字昉溪，号和州，室名留云草堂、听雪斋、分绿斋、一琴一研之斋。

1963年生于安徽和县。现居北京。涉及文学写作、绘画、艺术批评。主编《边缘·艺术》《神州国光·金石书画》《艺观》等刊物。

画牡丹

撰文：许宏泉

牡丹俗，都这么说。

牡丹不俗，俗的是画牡丹；

牡丹真的不俗，俗的是他没有看到真的牡丹。

说牡丹俗，是文人清高，媚雅未必就雅。姹紫嫣红，国色天香，国之色天之香，那该多好啊！

牡丹最贵在洛阳，云想衣裳花想容，春风拂槛露华浓。

荷泽遍植牡丹，花农不在花而在丹皮，牡丹是一种经济植物，药材。

旧时京城文人春宴雅集，去崇效寺赏花，据说那里牡丹品种珍甚。陈石遗、郑苏戡、徐花农、吕鹤亭都有佳什吟咏当年之盛事。

说画牡丹吧，徐青藤虽说要“多买胭脂画牡丹”。画的偏是墨色。在他眼里，墨就是胭脂，别人看不见。这便是不俗！

瓯香馆的牡丹馨传三百年，妙在媚而雅，在仙凡间出汉，尤见神妙。据《馀生诗稿》称，恽南田曾以牡丹中堂易戴鹰阿山水，题称“和州盛产牡丹”，三百年后老家一带已无复花影，巢湖银屏山有白牡丹一株，想为劫馀。花在山崖，每岁著花，观者云集，称为“银屏奇花”。据说，花盛则年岁雨足水丰，花稀则预干旱。“文革”中，经卫兵小视为“毒草”，架云梯，攀悬崖，以竹杖摧残。却因山高崖峭，幸未根除。若干年后，天朗气清，著花复活。

友人称，某年有以重金购得大名家山水画送呈领导人，秘书告之，领导并不满意，说黑乎乎看不明白。复又去潘家园数百元买来五彩牡丹一幅，几千块做好画框。抬到领导家。领导大悦，这个好，过年挂着喜庆。

既然有人喜欢，牡丹总是有画的必要。

我也画牡丹了。

大乐说，牡丹画到这种地步，你如何画呢？

我画牡丹不是牡丹！ 大乐说：花非花，自一家。我说：这话要你来说啊！ “……于是我们看到了爽畅的牡丹、雅致的牡丹、沉静的牡丹，甚至苦涩的牡丹、失落的牡丹，彻底改变了牡丹的形象。这批牡丹，他一画便是上百张，千娇百媚，风情万种。而老许的创作情绪在此不但没有被释放掉，却似乎有了更多的聚集，实在难耐……”这是大乐在《老许与竹子》文中说的，从竹子不知怎么说起花事来了。

他坚定说：你画的真不是牡丹！

我画的是九零后牡丹！我说。

许宏泉　意笔花卉之一、二　137×34cm×2　纸本设色　2009年

许宏泉 水墨花卉之一、二 137×34cm×2 纸本设色 2012年

许宏泉　三秋冷艳　137×34cm　纸本设色　2012年

许宏泉　秋在蓉坡　137×34cm　纸本设色　2012年

许宏泉 蜀园初放 137×34cm 纸本设色 2012年
许宏泉 碧山词意 137×34cm 纸本设色 2012年

当代画派研究之新文人画

师界弘

1970年7月18日生。

中国美术家协会会员，国家一级美术师，《书画研究》《中国艺术家》副主编，北京汉方美术馆执行馆长，河南省中原文化艺术学院国画系教授。河南大学美术系毕业，曾就读于中央美术学院国画系『山水精神』专题班、中国国家画院范扬工作室等。

作品多次参加全国美术展览并获奖，多幅作品及学术论文发表于国内各类美术刊物，并被国内外多家艺术机构收藏。

出版有《师界弘中国画作品选》《师界弘山水画作品集》《中国当代著名画家个案研究——师界弘写意山水》《中国当代书画名家系列——师界弘作品选》等。

回归自然 回归本性

——师界弘山水画评

撰文：杨悦浦

心性的神圣，理想的纯正，承接内外，应合创造意识，才能够达到自己的理想创造境界。

我曾在2009年初为师界弘写过的一篇小文中提到其风格形成的因素，师界弘把前几年的艺术创作命名为“圣域留痕”，这是一个很有主观色彩的界定。她到过香格里拉等那种胜境人野及人世烟浮处，写生作画，行踪留迹，心中的艺术追求便有了一次次的洗礼，一片片净土衍化成了艺术理想中的伊甸园。反映在她的画上，就有一种自面世界的坦率和表露心迹的直白，也同时展现出一个艺术家应有的生命体验，是很值得称赞的。

我也曾从三个方面解读过师界弘走入艺术理想“圣域”的因果关系：其一，在于题材选择的清醇。做为山水画家，她有意去寻找清净清雅的景观，一旦得到了她心中向往的静谧和幽雅，无论是乡野民居，城镇屋厦，或是古老殿堂庙宇，抑或是现代生活景象，均化解为创造视域的重要元素。其二，技艺提炼中的神圣。师界弘领悟到了“画受墨，墨受笔，笔受腕，腕受心”，便在水墨技法中强调线的独立与完美，寻求墨的清润与饱和。这样做，就使她的山水画有一种技艺的平展、开阔，并不失酣畅。其三，在于心境行修的取向。心性的神圣，理想的纯正，承接内外，应合创造意识，才能够达到自己的理想创造境界。师界弘在充实和锻造绘画技艺过程中，灵性和天分未被当代浮嚣折磨掉，不随风当下世尚套路，以自身的清慧，为自己建立一个清峻淡雅、清秀明洁、清明焕发的艺术创造境界。我所重复以这种解读，因为师界弘的新作中的线条组合、墨气控制、画面结构、形象塑造，仍然是以“圣域”的主观意识过滤着，香格里拉在她心中还有圣洁意义。

如此这般，形成了那一时期的“心中香巴拉”的风格，画面干净清灵、虚涵入心、飘渺无际。也许她有宗教信仰的心结，而我更看重的是其作品中所具有的境界。

2012年，她大约从香巴拉走出来了，又走进了北方大野中的巍巍太行。

2012年夏天，我看到了她在太行山的一些写生作品。那一次，她是在春寒风雨中用很长的时间作了几张写生，数量不算多，但说起面对山野的思考经历就有刻骨铭心的感受。一个山水画家被山水的自然灵气所打动，所投入，触动的还是她心中苦苦追寻的“圣域”，当把收获融进去的时候，个性的大幕也就徐徐地拉开了。她真的应当感谢那场春雨洗礼，让她从一个女性艺术家的聪敏、弱婉、俊雅的轻柔，走进了深刻思考、探寻艺术雄壮本然的力量，以不断彻悟，把想象力和创造力引向历史所承纳的“圣域”。

她的走出，一定体现在技术上，其思考和变化反映在两个方面：一个是笔墨当中更加显露“笔”的分量，线条比过去用墨重了，即使是轻柔的画面上，线条的组织更为清晰，注重张扬力度。一个是在色墨当中更多运用色彩的力量，这类作品她自己称为“彩墨”画，目的主要是使画面活泼起来、轻快起来、丰富起来，走到赋彩这一步，师界弘显得大胆，因为敢于在原有虚溶涵浑的画面上以明艳颜色冲激，突破已经成功的思维定式怎么说也是一种冒险吧。好在色彩是女画家的专长，不必替她担心的。

走出，是自然的行程。

走出，是艰难的。

走出，是不计报偿的。

走出，是必然的。

艺术如果长久地远离感性，

远离自然的滋养，

艺术家如果长期关在画室里作画，

感觉之源就会变得枯竭。

没有对自然的感悟，

“心”就变成了无水之“源”。

师界弘　禅 · 境系列之三　138×69cm　纸本设色　2012年

师界弘　禅·境系列之七　138×69cm　纸本设色　2012年

师界弘　禅·境系列之八　138×69cm　纸本设色　2012年

当代画派研究

之

新水墨

一了

一了作品　68×137cm　纸本水墨　2013年

本名朱明。1970年11月23日生，甘肃皋兰人。
非僧非道，隐于嵩山。嵩山十方精舍主持。曾于东京、首尔、北京、上海、西安、郑州、兰州等地举办个人作品展，并多次应邀参加美国、德国、意大利、日本、韩国等国举办的当代艺术展。
出版个人作品集、文集十余部。
作品被中国美术馆等国内外美术馆、博物馆以及当代艺术机构收藏。

关于水墨

地　　点：嵩山十方精舍（一了画室）
时　　间：2012.05.11
文字整理：李洁
注　　解：（阿克曼：德国著名策展人；靳卫红：《画刊》主编、画家）

阿克曼：今天看了你这么多的画，很意外的兴奋，我觉得最朴素真诚的艺术最能感动人。

一了：我只想大大方方画我内心里的东西，至于它是不是当代或者其他，都不是重要的，我只关心我内心里的需要。

靳卫红：黄宾虹那些花卉你看过没？

一了：看过，完全是他心里的花在盛开，扑面而来的生气，感动人心。

靳卫红：我觉得他的花卉比山水画要好。有一种让人感动的东西。他山水里面方法多了，反而少有那种让人特别感动的。他画花卉的时候是用心思的。我所知道的这种就是完全放下来的，没有什么想着要创作的想法，你感觉这花就是在地上盛开的。特别好玩、有味道、天真的，干净的。不过这种东西很难玩，其实齐白石的画我就感动他的人物，其他的都不行，他的能力也是太强，但他画人的时候特别拙，我在北京看他草稿的展览，他在稿子上很细致地记下很多比如说一笔下去粗多少，详细的草稿记录，这一笔宽两寸，到下面这一笔是以什么方式摆上去，他都写得很详细。比如说这个老头子背小孩子他画了反复无数张，他一定要达到一种理想，这个小孩子，脚离地面太高了，或者太低了，下面一张要提高多少，这个都是有记录的，很认真很努力要把这个画好。因为花卉对于他来说比较简单，他就画那个用力的东西，又把那个很质朴的东西弄出来。哎呦，真是好。

一了：王朔说齐白石不会画人物，就因为他对中国画不太了解，这个看似不会画的拙朴正是最动人的妙处。

阿克曼：我认识他，他对这些不懂。

一了：王朔认为人物应该有准确的结构，这完全是门外话。

靳卫红：他不懂，他不懂齐白石意味着什么。尽管他给这笔设计过，两寸三寸的，可是一笔下来还是把他的那种倔强和本性画了出来，这个太难了。

一了：他有时候画的胳膊不是伸出去搭那样的么，你就觉得那胳膊伸不过去，就硬伸过去，那样看来就特别生动，感动你。所以有时看古代的那个石刻，刻一个怪兽，刻着刻着前面那个头啊前腿啊都刻大了，最后后腿没地方刻了，因为他是民间的工匠嘛，他又不是专业雕刻家，所以呢最后就把那个后腿凭他的感觉随便加上，哎呀，生动得很。所以我看齐白石那个人物就有这个感觉。

靳卫红：你看这个作品都能看到这个艺术家的在场状态，他怎么在操作这根笔，看起来，谁都可以拿这个笔，可他拿这个笔的时候让你感觉他特别努力想把这个事情做出来，这种感觉让人触动很大很大。就像这个，一根线，你就看出了他的这个状态。不过这种画你觉得西方人能理解么？

阿克曼：不是，日本对形式有一种本能的把握，好多日本艺术太形式，好像每一笔都对，每个动作都对。

一了：我觉得这个东西方的艺术，到最后都是样的，比如说我们看凡高、塞尚、马蒂斯他们那个线描啊、草图，我认为和我们崇尚的文人画的精神是相近的，或者说塞尚、凡高、夏加尔、马蒂斯他们画的本来就是西方的文人画么！他们都在追求本性天性、非专业性、不会画对于绘画的升华与革命。因为不会画才是最会画的，形体看起来不准确，但灵魂准确，笔墨里有意味，有道性，这才是绘画最重要的。

阿克曼：基本的东西是对的，但最后怎么表达出来的作法完全不同。你看凡高，他每一幅画画了多少次呀，不停地画，很多画家的画不知道修复了多少次了。所以他一直追求在画画的这个过程当中，追求一种完美的表达方式。可是你用水墨没办法这么画，不可能这么画。

靳卫红：你看这个还是受现代主义的影响（拿着熊谷守一的画册说道）。

阿克曼：日本都是有这个的影响。

一了：相互影响吧，包括凡高也受过日本画的影响。

靳卫红：对于中国人来说，解释自己的艺术不如日本人解释得好，我觉得如果日本的艺术能被理解，那为什么中国的艺术不能被理解。没有人认为日本的那个画是水彩画，原因是日本人拒绝你这么以为。我知道这个过程不简单，这个过程里面有好多细节，中国人做得不好。

阿克曼：不不不，不简单。艺术不是解释不解释的问题。

一了：中国人对文化对艺术的态度本来就有问题。

靳卫红：现在呢都太急功近利了。

一了：人们对艺术没有敬畏心、没有诚挚心、没有对艺术的迷恋与爱，所以一切就有问题。

靳卫红：可能每个时代都有急功近利的，但也有一大批人还是对艺术保持一定的尊重。

阿克曼：不过我觉得艺术家都要考虑这个问题。

一了：太现实功用了，什么东西都要短期地达到效果，不仅是艺术，都追求快速生效。并且不承担责任。一旦对艺术的基本态度发生问题这就麻烦了。

靳卫红：不过现在大批的院校培养专业画家，这些画家都要吃饭活下去。

阿克曼：你们觉得一了老师对你们来讲，收获最大的是什么？（对着学生说）

李洁：对艺术的认识吧。我之前是学习室内设计的，对艺术并不是了解太多，看到的都是特别表面的东西，比如说你去看一个展览，很少能认识到作品的本质，即使你面对着一个特棒的画作，也不会理解，艺术家的思想是什么？他当时创作的状态是怎样的？你想象不到，甚至没有那个意识去想象。跟随师父学习后，了解的层面多了，看到的好东西多了，自然自己的眼光与认识有极大的提升。相比之下，才看到什么是真正好的，真诚的，发自内心的艺术。尤其看到师父去创作，没法讲，那时才感觉到了艺术的生命，完全震撼了。

靳卫红：那以前在北京你经常看什么展览？

李洁：设计展相对多一些。

阿克曼：那对你来讲设计和艺术有什么区别。

李洁：设计感觉就是要精心策划，而你拿笔作画，却完全是自己的感受，更主动一些。设计反而是考虑别人多一些，多用于服务。像师父经常说，艺术是要生猛、质朴，直抒自性。见作品见心，心里是什么就完全都流露到作品中。而感受其中，应该就是艺术的本质吧。好的设计给人感觉就是巧妙、完美、正确，它的理性思维多一些。

阿克曼：你觉得在山上待着完全符合你的愿望，你不缺什么现实或者说人际的关系。你想过要去纽约或者什么的？

一了：没有。我哪都不去。我就觉得这是我一辈子要待的地方。就是我的事情包括所有的念想也可能就在嵩山，因为我十几岁学禅，冥冥之中，你来这个禅宗的发源地，这就是我应该待的地方，我的精神家园。为什么后来又要去日本，都是冥冥之中的，我又跟他们不认识，但是我十几岁的时候就想着，要认识中国的文化必须要先认识日本，你要不认识日本的话，你就不可能认识中国。这是我十几岁的一个想法。结果呢，就有了2004年日本文部省的邀请，后来又因为学书法，而步入中原，后又跑到嵩山，所以就觉得像是灵魂里的，内心一直向往的一个事情，因缘生发，这个活法是我的需要，只有这样的活，我觉得会舒服、妥当。其他的都不重要了。艺术，我们知道的太多了，我觉得应该少点，艺术家嘛，知道那么多干嘛？以前那些大艺术家，他们见过什么呀，灵魂在静处，让自己的身心生长在安详静寂处，想点自己的事，与外界没关系，反而自己内心的东西会慢慢慢慢生长出来。绘画就是这样，但是，如果你老是在那吵，在那晃，没用的。只有你的灵魂安静下来才能直面自己。很多很好听的东西，听来很了不起，实际上它与你生命本身或者说与你最需要的本质毫无关系，但是我们有时候会被迷惑进去。

阿克曼：那展览对你意味着什么？

一了：因为你画出了好玩的能感动自己的东西，自然希望也能感动有心人。仅此而已。我在山里画画写字，自在寂寞地活着，心里的喜悦只有自己清楚，忽然有知者来访，当然快乐呀！就像你们来。我来中原二十多年，问我最开心的三天的话我认为一个就是海上雅臣先生从日本专程来找我，第二次就是石虎老师专程来找我，第三次就是你们。就像其他画商来找我，买画，那我卖了又能怎么样。因为我最重要的是我做出来的事情，就好像艺术是你的隐私嘛，说给自己的悄悄话，别人不知道，但忽然有个陌生人说，你这个画里面的心思与好玩的意趣被我看出来了，有人知道了我内心的秘密，这个东西对我来讲就是最感动的。其他的也不错，但没什么了不起的。

靳卫红：某些时刻对一般人来说也很重要，但是对本质有没有一个大的影响，就是有这个没这个他不改变你的本质。但有一些事情它会产生影响，一种变化，这些时刻很重要。

阿克曼：我觉得任何艺术家需要一个摩擦，可能这个摩擦完全在他里面。你给他什么他都不要，可是我觉得艺术家也需要外面的摩擦。就是那种，我要在这个地方成功，或者是我要比别人强，这种是内在的刺激。两个都需要。

靳卫红：阿克曼经常问我，在南京，这个东西摩擦够不够。比如说我去纽约，我很喜欢那个地方，我确实觉得这个城市能给我一种刺激，也给我很多兴奋的东西。这种内在的刺激能触动你对价值的思考，硬刺激，很压，可以[illegible]东西，可以[illegible]，[illegible]，[illegible]。如果没有，我又有一个自我系统来满足我在南京待着。我觉得我这个自我系统是够的。

一了：我们俩的观点这个方面接近点。比如说我在东京，当时做过村上隆的画廊，那个人看到我的作品就希望我能留下来三年，他们完全有一种方法套路，按着这个来，就让你成为世界上最好的，给我弄一个寺庙，以一个僧人的状态，但最低限度是三年。最后我个人认为，这个东西很好，但不是我最想要的，艺术家么，我想活到我的内心里面，什么东西是最能感动我的，我自己心里有数嘛，所以那我就要回来，包括在纽约展览也是，很重要的收藏家也收藏了我的作品，都会有各种各样的机会，来吸引你。作为我来讲，我当然可以去看一看，感受一点新鲜的东西，肯定没什么坏处。但最重要的东西还是你灵魂内在，就是上帝把你这个生命扔下来，扔到这个土地上，你的这个智慧，禅宗里面所讲“本自具足，不假外求。”但最重要的是你有没有智慧明心见性，你有没有智慧把你灵魂里面不可知的不可思议的无尽藏的这种东西抓住，抓住之后你能不能控制。就像我们下午聊天说道，你抓住了之后，你知道艺术是什么，中国的艺术、水墨的大道是什么，但是你的手控制不住， 你的智慧抓不住。所以我就觉得当你知道艺术的本质你的需要，你有没有能力控制它，所以呢我就觉得这是一种能力，你要去磨练去锤炼。你自己本身就足够了，比如说我就觉得像前一段刚刚去世的英国老画家弗洛伊德，他那个状态我就觉得很感动，画画时，连房间外面都舍不得看一眼，因为我已经够了，这个世界历史来来往往，已经没那么多新鲜事了，就说我要抓住自己的内在的这种东西，能不能让它开花结果，完全让它生长出来，并且长成只是我自己的样子，不必考虑时代不时代的。

阿克曼：那禅对你意味着什么？

一了：禅就是让我好好活着，活得只像我自己。这是很平常的话，谁都可以说，但真正要活出自己的话，在当代这个圈子里，你要拿出性命，如果你拿不出，我就觉得[illegible]了上了了山，因为我年轻，有很多朋友，我也有小华，我可以在山下做很多好玩的事情，但是呢我为什么暂时都放下，我要去修行，就是想我要把我自己以前的东西都放下。佛教里面讲的舍得、放下，为什么要这样呢，放下嘛，很简单，你把它放下就行了，就是因为不能放下，舍不得，它美好嘛，对于我们世俗来讲，对于我们现在这个很功利化的商业化的社会来讲，大家都认为这个东西美好，你说，那就先放一放，我现在不需要，我不着急。之后，那你去找你最想要的东西，最想要的就是，越来越发现你在读书，你在思考，你在山上很安静地胡思乱想，你这个状态，你的道场这样清净。你看到都是这样的东西，这个自然的造化，你内心里面学过的很多东西都被唤醒，这个时候，有些以前看到的东西就不能被感动，比如说我在院子里呆着，松鼠跑过去，云飘过去，或者是那很多鸟一瞬间飞过去，以前不会有太多感觉，忽然就觉得这个东西能感动你，所以说我的绘画就要画我心底的感动，就是说我能不能画一些大家都认为你画这干嘛，大家都不可能画这些东西。那我就想我能不能画这些与我内心很贴近的东西，我不管别人，我不管这个时代，你是你，我是我，社会是社会，社会是个王八蛋，社会是一个很庸常的东西构成的，那你只做你自己，谁也没有规定只有一种方法是对的。就说你随内心想法走就行，随便。再一个我自己也觉得像林风眠那一代画家，我也在思考，黄宾虹齐白石呀，我们刚才也在讲，很高的，中国传统文脉里面下来，诗境啊文心啊学养啊情怀啊人格啊，什么都有，林风眠啊，从西方回来的，回来之后呢，想通过西方的东西与中国的东西对接，创造一种新的东西，那另外也从外面回来的，徐悲鸿啊，这些人究竟为中国的艺术做了些什么，下面就说怎么接住这个艺术史的链条我觉得就是不是现在的文人画，不是我

一了作品　纸本水墨　2013年

们现在看到的文人画，就像现在的朱新建啊，这都是我内心很敬佩的艺术家，但是我就觉得还有一种更开放、更本质、更原生态的，更加野蛮的根本的艺术出来，所以我自己我在山里，我是民间生长的，不是官方的，不是哪个派哪个别的，那你看民间状态成长出来能不能有一个很野生的力量出来，但你的内心你的内在已经三十多年，对书法包括中国传统的锤炼，因为这个东西他在你的血脉里面，就是你怎么做、你都躲不掉，你骨子里是一种兽性、野生的、反学院的反文化的，反所有的现在看到的这种状态，那这种东西咋长出来，现在就是对我内心最渴望的是这个东西，而我认为这都是刚刚开始，

靳卫红：这个对你很难，因为这么多年你对书法的学习，你想反这个东西，很难。

阿克曼：你不要反，我觉得你不要反，假如我理解对你说的这些话，你不要反这些东西，这些东西，我明白你这种野性，这种放肆，要不然你什么都可以做，书法是给你一种工具来表达这个东西，你不要反对它。

靳卫红：我在1993年的时候，因为我们是从学院出来，我的老师是王孟奇、江宏伟这批文人画家，当时我二十出头，他们那套路的东西，你学习老师已经可以操控得很好，因为老师言传身教，就画给你看，你完全知道这个套路是怎么样的。我1993年发现，这个东西和我没关系，画的这些画和我没关系，其次我考虑该怎么样和我有关系，其实我也想反，几乎一段时间我反的非常厉害，把用笔也扔掉，形也扔掉，以至于我的老师看到我的画就说：你那画不知道要说什么。可是我觉得这不一定是错，我需要从一个没有经验的事开始。但是后来我觉得这个过程是修正了我自己，没有经验的游戏，尤其是我们还用水墨画这个形式，还用笔，你完全把它变成一个没有经验的事情，这就没有意义。所以我又重新把用笔拾回来。当然这个拾的过程跟前面的是一样的，很不容易。这个就提醒我，你反一个东西的时候是一个态度，当你面对你真正要反的那个东西的时候，你会面临很具体的问题，也是个被问，对于我们这样的人来说，可能开始你根本不知道你这个笔往回捡，捡到一个什么程度，符合你最初的一个要求。最后艺术家你考虑这么多问题有什么意义，就是一个你动笔的时候，它本身会告诉你这个事情。所以我觉得这种游戏本身有它的限制，这也是你玩这个游戏的乐趣。

一了：如果这个没有限制的话，也没多大意思。所以说我刚才讲的野蛮这个东西可能是我话语表达的一种方式。就是一种天性自为的画出直指人心的画儿，是什么德行就是什么德行，本性使然，不要装。但文心诗性深藏在画后边。明眼人一看便知深浅真伪。

阿克曼：你寻找你的这种野，是在你对书法有把握的情况下。

一了：因为你的这个控制在你身体里面，就是说他已经带着了。几十年的修炼已经变成本能语言，这个时候你说野蛮就是无法无天、无执无碍的创作状态，你是“知法犯法”，而不是“法盲”。

靳卫红：就像我们几十年掌笔，跟一个没有拿笔的人一块做这个事情，那是不一样的，看起来动作一样，涂涂抹抹，但实际上是不同的。

一了：中国水墨画的玄机就在一根线里面，有时候我就觉得它是属于刹那间，一笔下去，直指人心，性情毕露，你心里一切的不思议都放在那里了，比如说我们说书法，这个字有文人气，那个字有山林气，那个字有市侩气，这都是明眼人看到的，你的那个字里面，实际上你的品性人格，很神秘的东西都在里面。心性气象，都在里面。

靳卫红：这个实际上是一种暗语，不是所有人都可以解这个语。圈中人，一眼就能明白。你这个人朴素与否，都完全可以看到，即使你想装，画也会马上就表现出来。

一了：装不了，我觉得这一根线过去，立住了魂就附上了，立不住就魂不附体。好的抹不掉，坏的赖不走，你活一辈子，白纸黑道，一清二白，所以中国艺术最神秘的东西在于此。有些拿水泼呀，制作呀，材料啊，最后一见就发现，原来半斤八两就在那放着。效果做得再好，也遮不住本质上的纯与不纯。

阿克曼：难处就在于把这种野性明心见性，朴素，跟这种有教养的长期训练融合在一起，不是假的。我觉得就要这样。

靳卫红：徐渭就是这样一个代表，他是这种既有控制又有控制之外的高峰。金农也是。他以前不画画。

一了：扬州八怪里他是最高的。

靳卫红：他是这一代最高的。所以这也是玩这个游戏最吸引人的地方，最难的地方，最高级的地方。几个都在一起。他认识到这一点其实已经都很难，做就是更难的了。

一了：我喜欢一些当代的画家，明清、民国的，我以前书法的底子是从汉魏出来的，所以我对汉魏的碑刻这些东西有很大的兴趣，包括民间的各类艺术，所以最后绘画也是，想从汉以前的入手，就说汉以后唐以后的东西，我可能会大量看，但不会大模仿。

靳卫红：你的画其实一看，就很清晰。

一了：所以我的东西大部分是从石刻或者更早的原始艺术、民间的壁画啊里面来的，当然不仅仅是中国的，能打动我眼睛的艺术通通用心狠狠凝视，放在心里，文火乱炖。林风眠也认为汉代艺术是中国艺术的灵魂，但是近世很少有画家真正于此得到半点灵气。有的都是表面的恶俗模仿。其实每个人的思考，你所能做到的都是有限的，但是你必须要抓住内心里面最触动你的那一点就够了，把那一个点做到最到位最地道就可以了。

靳卫红：实际上你翻开艺术史，能够真的打动你的画也没有多少幅，像我们去看那么多博物馆，看到你腿软，真打动你的画，也不多。但是你很珍惜感动你的那个时刻，看看到底什么东西感动你。这里面一定有一种跟你对的地方。

阿克曼：现在你看你一年前两年前的画，你什么感觉？就像蜕皮一样。

一了：那个东西我一看，就觉得还是我的嘛，我自己生产出来的，我还会喜欢。但是呢我也发现里面很多问题，也在思考怎么进一步地深入，但是又不能把它画的比以前好，但是要比以前的东西画得更深入，要捕获不可能的精神意味。绘画最迷我的是，我脑子里面老有一种未知的但又知道一点很模糊的一点我想把它捕捉下来。比如说我看原始岩画包括汉代的画像石这种，很感动我，但那个东西绝对不能把它拿下来，拿下来就跟画素描、画石膏像一样，难看极了，但是你要怎样转换这是最关键的。能不能把那个灵魂，通过另外一种东西转换，就是把它换个地方唤醒他，所以我脑子老是琢磨，总觉得有一种奇妙的东西，所以绘画对我现在来说特别具有吸引力，好像是内心里面刚推开一扇门，后面则有特别无穷的世界需要我去打开，感觉有一个神奇的世界在等着你，但我们都没见过，那我觉得这个东西需要我把它呈现出来，所以我就觉得有一种无穷的感动、欲望，所以我要在山上准备，我一点也不想乱跑，因为有更吸引我的事情，需要我去做。一心不乱，直扑目标。就是这样，我有时候和别人开玩笑，我要画出一个用中国的笔墨，很地道，内在有很深的精神，黄宾虹齐白石也喜欢，毕加索、马蒂斯、夏加尔也喜欢的这种画，啊呀，这是哪个孙子画的呀，这么好玩有趣呀！就是你的理想是这样的。内心里有这样一个念想，并且很阔大，很有灵性的。我现在在山上很乖的，以前很狂的，现在不狂了，那就乖乖看书思考等待，这个东西需要时间，不是你说抓就能抓住了。可能三年五年八年，因为我自己有个想法，我想五十岁下山，我现在四十三，已经呆了一年了，八年，我想在山上做这个事儿，五十岁的时候我应该能拿出我不知道但肯定有意思的东西。我想拿下去玩一玩，玩一玩再说。

靳卫红：肯定没问题。我确实觉得对，有时候你不一定知道准备的时间多长，可能会突然进去，可能会一直在外面绕，但是这种绕很有必要。

阿克曼：你常常就是画一系列的画，就这样就完了，是吧？

一了：对！我就要把它画够。比如说忽然找到感觉了我一定要疯了一样地画，弟子们知道，他们都觉得这个老师疯了。我就狠画，一直画，从早到晚，不知疲倦，一般都能十天左右，十天左右就会有大批东西，完了之后就泄气了，就觉得需要静下来想一想，就是大概时间搞不清，平时就是在思考，虽然认为艺术上不要思考太多，但是我还是喜欢读书，越读越会觉得他们怎么会懂那么多，我咋不知道，我们现在很多艺术家不读书不思考。

靳卫红：其实不读书的人是没法进行他的实验的。虽然你说也不用那么的理论，但这种理性过程很多艺术家缺少，有些人在年轻的时候靠才气，可其实到了一定时候才气就非常有限，之后，支撑他的是理解这个事情的深度，但是怎么把它变为越来越深？那只好靠阅读，理解，你说的这个经历阅历，只有在这个情况下，你才变成一个支撑你的东西。你看那，太多了，二十岁时的才气吓人，到了三十岁他什么都不是了，就没了，他下面没法走去。所以就看画你就明白这个人后面有什么。就是他已经算是时间比较长，有很多人真是，大学里面太多了，二十多岁非常有才气，甚至才气逼人，到了三十，江郎才尽。所以一个好艺术家，他是一个整合的个体， 他不是一个片面的。

一了：要通达洞明，还要一根筋！

靳卫红：对，既能执着一个事情，又能够很开放，才能够有一个发展的空间。

一了：你读书实际上就是了解别人的智慧，对这个世界就有了新的认知。有了自知之明，又有了知人之明，那就怎么玩都好办了。

靳卫红：确实，我们在历史上也看过很多，包括现实主义那些人，很多年轻的时候都画得很好，素描、写生都好，到最后你发现他没法做这个游戏。你像蒋兆和，年轻的时候画那个《流民图》很好啊画的，你看后来画的那些叫素描呢！

一了：很多，包括他后面的这些学生。

靳卫红：根本没有修养。第一没有那个现代的修养，也没有中国传统的修养。绝对他不理解这个世界。这个好画家一定是一个整体的，也许十年看不出来，二十年你看得出来，三十年就更看得出来。这是一个过程，特别地清醒。

一了：对！

靳卫红：你在这儿待八年肯定是我们特别有指望看到一批东西的。

一了：我也相信，因为我对笔墨心存野心。

靳卫红：确实，我们觉得现在人又不一样了，上世纪八十年代，新文人画时候，大家要求很低，只要看到传统的那种样式，这就够了，你现在把那些东西拿过来看看，里边真正好的少。那显然现在情况不同，基础不同了，你在这个基础上在做，是一个好事情，又是一个难事情。耐得住，这个挺不容易的，说起来好说，做起来不好做。

一了：也说不来，好像自己也就自然而然混到这个状态，就必须这样玩，就这样一个感觉，也没什么了不起。你想三十年一直在传统啊现代书法里面，实际上进入绘画是我一个理想，我又不想用其他方式进入，就是现在面上所有流行的方式我都不愿意，因为我觉得已经没必要去画，人家已经画得很好了，但是我觉得三十年的这个书法，所达到的当代的程度，这个东西能不能平移到绘画去，就是用一天，一天时间，所以这是吸引我的一个东西，所以我第一本画集的画是我一个月画出来的，一个月之前我从不画画，那一个月我画了牛皮纸那一本，石虎先生看到那个画集就找我面谈。包括很多画画的人联系，他觉得那个东西好玩，所以我就觉得自己以前那个想法就获得了，对方有些是我尊敬的人物，如果对方很不尊敬，他没眼力，他说好坏与我没关系，但对方又是你一直很崇拜很尊敬的一个艺术家、评论家，丁立人啊李世南啊海上雅臣啊，人家说这个家伙画出来的有意思，那这个与我的初衷就对接了。

靳卫红：是，我完全理解你说的这个意思。

阿克曼：就是你开始画画的时候一定有一种全面的准备，看现在你的画，我并不觉得你是从书法画出来的，就是从画画的图式画出来的。你的笔当然有这种书法的训练，可是你的画绝对是画出来的。

靳卫红：他说的对，为什么我没想到你以前不画画。

一了：我很开心你们这么看，因为我也害怕自己成为那种从书法而来的所谓文人画，我就想把书法藏起来，不让人看出来，很难为情的感觉，但我想，书法的精神血脉会深深隐在我的画里面，这样，我的画才会真正立起来。如果我的画里从表面上有太多书法的影子，那样我会感到很难堪。

靳卫红：这么一说，我确实疑惑，本来一直想问你以前画什么样的。我想可能跟我一样有一个过程，比如说从传统开始，然后又离开。

一了：因为我们现在看到很多文人画这个东西，他那个逸笔草草，很多都是宋以后，宋人的笔意，宋元明清的笔意，但是实际上我画的这个，从我骨子里面跟文人画的很多精神是一致的，对接的，但是你画的这个东西是汉魏以前的精神气脉，文人画里面就是讲的非专业性嘛，得意忘形，遗貌取神，追求不准确嘛，似与不似之间，方见妙趣。我不专业，又是山里人，我就想画出不拘礼法、原始童真的画来。

阿克曼：我觉得地道的文人画就是你这样的画。一个中国的艺术家，接触不接触禅，我觉得这个不重要，重要的是你觉得禅最符合你的这种感情。

靳卫红：毫无疑问，你有这个诉求。台湾洪通，叫素人画，他不画画，也不练书法，你看他的画，那个用笔啊完全是朴素到自己就在画上，就叫素人画，这个素就是没有被污染过，没有被文化给塑造过。所以从面子上看，你的追求也有素人的标准。

阿克曼：但你一定要有文人的气质。

靳卫红：因为你整个的背景是离不开的，这个也没法解释，也不重要。

一了：对，不重要，文人画的脾性在我心里，我们一个鼻孔里出气，我不刻意去追求它，文心、诗性、情怀在心灵深处、在笔墨深处藏着。秋天来了，自然满山红叶。

靳卫红：其实文人画最厉害的，我觉得是他制造了一种形而上的艺术，他把艺术形而上化了，这是文人画最最大的一个特点。

一了：文人画就是反绘画，反专业性、院体类的绘画，就像禅对佛教的革命，呵佛骂祖，毁经灭佛，不过就是放下一切，拿起自己，当自己的家，做自己的主。文人画不拘礼法，心画自性而已。笔墨就是一口气，一切皆由心气呼吸而成。

靳卫红：对对对，它就是离开我们所谓形的层面，一下子跳到一个高度。

阿克曼：我觉得文人画的来源是跟禅分不开的。

一了：对，分不开，禅是文人画的精神背景，一个核心。

阿克曼：没有禅，就没有文人画。

一了：是这样！所以就是，我们谈文人画，如果要绕开禅与道的话，文人画不成立，为什么禅在里面起到这个作用，就是禅的这个叛逆精神，一切的条条框框规则啊权威啊，就是统统见佛杀佛见祖杀祖，一切东西通通不要，但最重要的就是我的内心嘛。你像苏东坡啊、米芾啊，他什么都有啊，他的文人情怀啊教养啊经历什么都有，最后就是禅解救了他，他就通过禅，就是他的方便法门，就无法无天了，但是他是懂泆的无法无天，别人如果不懂法，你在艺术上没有锤炼，知识上没有积累，你的修养各个方面都不到，你去无法，那你就是一个疯子，你就是胡来嘛，但是他修养本来就很高嘛，大智慧，这个时候把以前的东西通通都不要，把自己的心掏出来就行了，他认为这样的诗这样的文这样的艺术是最重要的最好的，直见人心，他说：我书意造本无法。所以文人画的核心就是这个。

阿克曼：对。

一了：所以禅宗解救了中国文人的内心，为什么一拍即合，就是因为在仕途上政治上不得志，还想做事，最后跑到山里，待着又很难受，实际上难受与快乐同在，为什么我们说隐逸，逸的这个文化，实际上就是优雅地接受挫败，如果没有很高的教养智慧的话，是很难达到的。这个时候就是禅跟他的内心对接，天上天下，唯我独尊。我就和释迦牟尼和上帝是一样的，所以这个时候他画画写字作诗就掏出了自己的心，这是最重要的。所以我觉得为什么我十几岁，我学这东西，它从骨子里影响我，我不愿去学院啊，这是我个人的事，不是说学院不好，就是说这也是学习的一个途径，但是我就不愿去走一种大家都去走的，或者说社会认同的，或者说一种规范的，我就觉得我只走我想走的，在这个过程当中，禅宗是个很智慧的学问，面对任何东西，禅宗都会有一种很智慧的应对，它不是逃避，是迎面而上，所以在所有的佛教宗派里面，禅宗在世界上影响最大，其他宗派慢慢都销声匿迹了，最重要的是它解决了人灵魂里面的根本，你找到了自己。我是最重要的，其他都不重要。所以后来很多科学家艺术家包括西方的表现主义啊现代派画家大部分都受到禅宗影响，所以文人画的灵魂在这儿，我们走到现在，禅宗精神成为口头禅，我们读了很多书，最后谈禅，实际上禅与我们的生命毫无关系，跟你的生活、绘画都无关，只和你的嘴、大脑有关。

靳卫红：对，成为一种知识。

一了：跟你的心灵灵魂无关。那我自己走的这个方式，我为什么这样活，我的伙伴朋友北京国外，一同出道，他们现在在干什么。对吧，我眼睁睁看，他们以前都不错，为什么现在的艺术直线划下去，但是自己又骄傲得很，因为他有更多的物质，更多的房子车子支撑，骄傲于此。我自己觉得那不行，我就要我想要的，其他东西不管。

靳卫红：对的。

一了：大家都是人，都喜欢美好的东西，多给点钱，我肯定高兴，不会难受嘛，问题是人的乐趣不一，抓住自己的乐趣，自己的兴奋点就好。

靳卫红：哈哈，同道。

一了：我在日本，和海上先生，我有一本《东瀛记》，完了寄你们看看，那是我在日本的日记，我和海上先生就对话，他是个汉诗家，他不会说汉语，但汉诗是一流的，他就写，我跟他写，完了就将我们的对话做了一本书，当时我回来是自己做的，现在他们那边也想做。就是在他的别墅对话，他的朋友都是日本顶级的，陶艺家、画家栋方志功，小学毕业，没有文化，大版画家，我们谈这个东西，两人前仰后合地大笑，激动得很，老头与我喝酒，用八木一夫给他做的碗倒酒，家里全是八木一夫的作品。

靳卫红：栋方志功是个大版画家，我觉得我的老师王孟奇受过他的影响。

一了：王孟奇，包括朱振庚都有。

靳卫红：他的人状态和整个画法很棒的。我很多年前看过，不知道我现在看是什么感觉。

一了：他小学毕业，井上有一也没有上过大学，他这三个朋友都是，最后都是日本绘画陶艺界的大家。

靳卫红：其实上大学说明不了任何一个问题，最终还是你个人，在什么轨道上走。

一了：就是你通达了，怎么样都可以。

靳卫红：其实很多人走偏了走错了，大有人在。

一了：我觉得还是单纯点好，在山上就是，活得不累，干净。

靳卫红：你这儿基本的通讯是有的吧，电话网络什么的？

一了：有，都有。我每天用微博写日记，微博于我，如同坐禅，随手拈来，皆是心思，真是方便法门啊，带给我不少思维的乐趣。陆续整理发表在博客上的《山居笔记》，北京有出版商找我，觉得很有意思，想出版，我现在不想出，过几年再出会更妥当些。

宋立军：他把微博当成自己的日记了。

阿克曼：一种公开的日记。

瓷上乾坤 之

窦金庸

原名金荣，号三悟斋主，1962年10月30日生，江苏丹阳市人。

结业于南京艺术学院中国画专业硕士研究生班，2012年参加文化部全国画院专业人员高级研修班。金华市政协五、六届委员、六届常委、浙江省美术家协会理事、厦门集美大学美术学院客座教授、浙江金华书画院常务副院长、专业画家、浙江省金华市美术家协会副主席。

三悟之后的窦金庸

撰文：陈传席

窦金庸，号三悟斋主。人生有一悟则有一得，况“三悟”乎。我曾说过：“画家之成功，一是‘神于好’，二是‘精于勤’，三是‘成于悟’。”金庸少小时即爱画，先是到处涂鸦，后是纸笔随身，见物喜之则画，有空则画，性分所有，可谓“神于好”。至而立之年，奔波于生计，唯画不可弃，于是决计终身献身于艺术，学画更勤奋，画亦益精之。为了学画，他到处投师访友，程十发、陆俨少、方增先等人都对他的画给予很高的评价，同时也给予精心的指点，且纷纷为之题字鼓励。1992年，浙江省金华市成立书画院时，因为他画得好，被安排到书画院去做专职画家。从此，他如鱼得水。他学石涛，学八大山人，学“四王”，学“八怪”，学龚贤，学石谿，他学古也学今，今人中他尤喜黄宾虹。黄宾虹就出生在金华，故居仍在金华，窦金庸所在的画院也坐落在宾虹路上，他见到黄宾虹的真迹也多，荀子说：“学莫便乎近其人，学之经莫速乎好其人。”窦金庸学黄宾虹，可谓便之，他又好黄宾虹，故学之速也，他学得神似。他学傅抱石则几可乱真，也学过亚明、李可染。他学山水也学花鸟，他有八大山人的画法基础，又学吴昌硕、齐白石、潘天寿，集众所善，专为一家，日新又新。

窦金庸对古今传统有了进一步的理解和掌握，便开始思考，即“悟”，他知道最后的成功就在这一个“悟”字。他以前学传统重在掌握用笔用墨技巧，师造化重在得其造型和境界。他用传统技法表现大自然景象，但其艺术品位总是高不过甚至赶不上古人。于是他“悟”，“悟”后方知：技法只是一种法，艺术品格的高下还在于：用技法表现出的笔墨效果中要有特殊的个性和精神(韵味)。否则，画出的山就是一个山，画出的树就是一棵树，似标本而不是艺术品。艺术品要有感人的东西在内。或清丽，或秀润，或高古，或潇洒，或雄浑，或刚硬，而且就技法而言，也要不同流俗。明乎此，学习技法也才能深入。

窦金庸近期的绘画作品又大大进步于前。他的画中虽然仍可以看到受过石涛、八大等人的影响，甚至也可看到受到现代浙江和南京流行画风的影响，但其格调已今非昔比。他的山水画面貌多样，形式也多样，但都有雄强浑厚的笔墨，而且雄浑中又透露出清丽的韵度，这是十分难得的。他的花鸟画也如此，雄浑的笔墨中包涵着清新的神韵，显示出勃勃生机。

画中仅有雄浑，或仅有清丽、清新，亦殊不易，若雄浑中透露出清新的气息，尤属难得，金庸以前的画也较一般的画家为出色，但总有粗浅之感。他又经多年的探索、感悟，认识到绘画作品的格调高下是决定作品艺术价值的重要标准。如何提高格调，是一个复杂问题，窦金庸还继续在“悟”，“悟”得则成。

窦金庸曾在南京艺术学院就读硕士研究生班，对绘画理论和实践进行过全方位的探索研究，也就是为了“悟”得更彻底。他的作品格调将会得到进一步的提高，这是无疑的。

窦金庸作品

窦金庸作品

窦金庸作品

窦金庸作品

岳增光　溪山清幽　68×68cm　纸本线描　2013年

本期推荐 之

岳增光

字明觉。1966年8月28日生于豫东平原。15岁开始发表、出版连环画和插图作品。毕业于中央美术学院中国画学院研究生课程班。

作品多次参加国内外展览并获奖。

现供职于中国国家画院，中国美术家协会会员，中国壁画学会会员。中央美术学院访问学者。

岳增光　水亭清兴　68×68cm　纸本线描　2013年

郑元无　小品　50×70cm　纸本设色　2012年

本期推荐之

郑元无

1985年11月9日生。毕业于山东艺术学院。现居宋庄，职业画家。

郑元无　玩赏芙蓉亭　180×100cm　纸本设色　2012年

微博推荐关注

@

收藏年鉴
http://weibo.com/u/2634916492

生活月刊
http://weibo.com/lifemagazine

中国国家画廊
http://weibo.com/u/2801429115

三品时尚国际编辑部
http://weibo.com/3273820753

三联生活周刊
http://weibo.com/1191965271

99艺术网
http://weibo.com/1886119817

顶层杂志
http://weibo.com/topfloor

元象艺术空间
http://weibo.com/u/2948776265

信雅达文化艺术
http://e.weibo.com/sunyardart

艺术北京
http://e.weibo.com/artbeijing?ref

北京保利拍卖
http://e.weibo.com/polyauction

北京二月书坊
http://weibo.com/u/1785030743

上海泓盛拍卖
http://e.weibo.com/hosane

北京荣宝拍卖
http://e.weibo.com/u/1912024371

北京匡时国际拍卖
http://e.weibo.com/council2005

品逸文化
http://weibo.com/u/1596580120

北京金博盛华国际拍卖
http://e.weibo.com/jbshpm

北京歌德拍卖
http://e.weibo.com/googut

唐勇力
http://weibo.com/u/2660765681

中国宋画
http://weibo.com/u/2095260912

曾来德
http://weibo.com/laide

中国国家画院张江舟
http://weibo.com/zhangjiangzhounap

卢禹舜
http://weibo.com/yushunyishu

快意斋
http://weibo.com/u/1625370697

画家周逢俊
http://weibo.com/u/1711627414

国家画院贾广健
http://weibo.com/u/2525471470

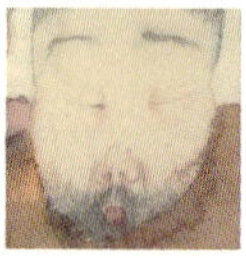

李津的盛宴
http://weibo.com/u/1202896393

吴悦石
http://weibo.com/wuyueshi

中国国家画院范扬

http://weibo.com/u/1747664320

画家于水

http://weibo.com/u/1305643664

画家许宏泉

http://weibo.com/u/2678968963

程风子微博

http://weibo.com/u/1309045492

杨春华

http://weibo.com/u/1898167343

画家扎紫

http://weibo.com/u/1768978947

高旭奇

http://weibo.com/u/1453747087

师界弘官网

http://weibo.com/huajiashijiehong

刘墨2012

http://weibo.com/lm66

画家周尊圣

http://weibo.com/u/1260545334

一了

http://weibo.com/u/1271884434

鲍铁雷

http://weibo.com/u/1273913685

王平乔笙

http://weibo.com/u/2763452763

芦海娇

http://weibo.com/u/1250043400

策展人王茂

http://weibo.com/u/2731897053

唐朝轶

http://weibo.com/u/1272576415

国画家窦金庸

http://weibo.com/u/2209045420

傅裕博

http://weibo.com/u/1833446825

水墨陆虹

http://weibo.com/u/1583542581

唐书安

http://weibo.com/u/1247367437

朱大醉

http://weibo.com/zhudazui

文夕大火一把

http://weibo.com/u/1044849140

画院小工

http://weibo.com/u/2481007997

李文亮国画

http://weibo.com/u/1252178442

画家孙海峰

http://weibo.com/u/2383305142

意空间金峰

http://weibo.com/u/3174636145

吕鹏art

http://weibo.com/u/2141834777

尚雅杜长风

http://weibo.com/u/234538795

art郑元无

http://weibo.com/u/1759304343

青州胡子

http://weibo.com/jlwh

范治斌

http://weibo.com/u/2030142707

虚位以待

绘事微言

撰文：范治斌

范治斌

1972年12月21日生于内蒙古呼和浩特市。1995年毕业于南开大学东方艺术系中国画专业，师从范曾、郑庆衡诸位先生，获学士学位。2002年毕业于鲁迅美术学院中国人物画工作室，师从赵奇、李征、李岩诸位先生，获硕士学位。2010年入中国艺术研究院攻读博士学位，师从冯远先生。中国美术家协会会员。河北师范大学美术学院客座教授、安徽大学艺术学院客座教授、湖北师范学院美术学院客座教授、新疆教育学院美术学院客座教授。现执教于北京师范大学艺术与传媒学院美术系。

范治斌　斗鸡图　65×39cm　纸本设色　2012年

范治斌　高原风情（局部）　纸本设色　2012年

世间的万物之美，

可以让每个热爱生活的人动容，

艺术，在生活之下，

也因生活而鲜活。

没有世人共认的好作品，

因为这样的结果几乎不存在，

但好的作品一定是能感染自己和一部分看到它的人。

正如一位智者所言：

好作品可以让一位敏锐的欣赏者脱离自己而进入作品中，

令那份孤立的自我感完全消失。

当然，作品与观者是种缘分，

情真意妙的作品如遇到没有精神储备的人，

就像明珠暗投，

是件凄凉的事。

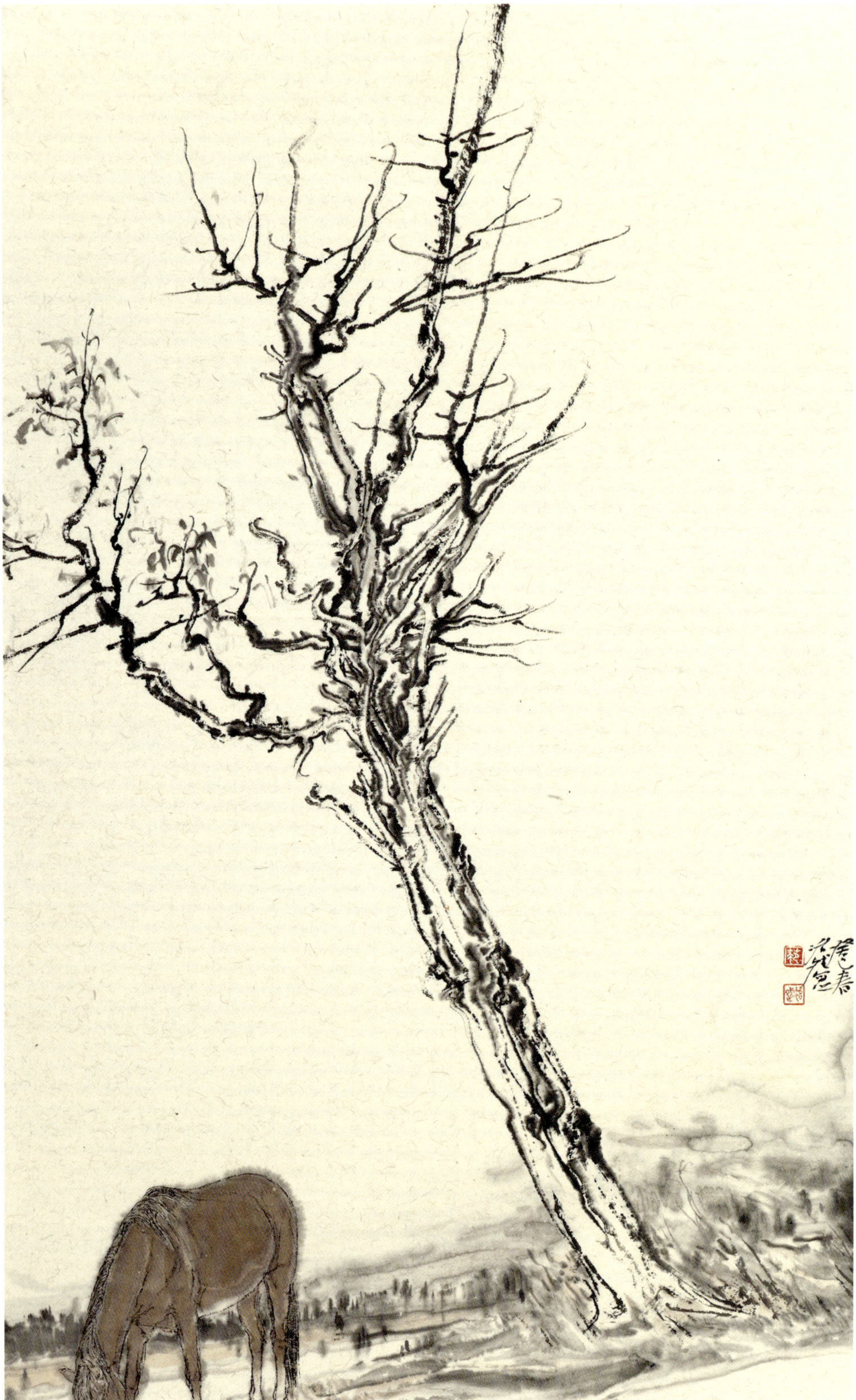

范治斌　牧马图　65×39cm　纸本设色　2013年

没有世人共认的好作品，

因为这样的结果几乎不存在，

但好的作品一定是能感染自己和一部分看到它的人。

范治斌　室上大吉图　65×39cm　纸本设色　2013年

我以为，任何一种技艺的提升，首要的就是勤奋，除此之外，才能谈到天赋运气等等。

也有人说，虽然勤奋，却走在一条不对的路上，则会南辕北辙。

其实对技艺的修为，最需要的就是坚持。

智慧就产生于持之以恒的状态里，智慧会帮修为者修正自己的路。

没有错的路，所有的创造似乎都在被认为错的路上遇到了光明。

范治斌　旅途　65×39cm　纸本设色　2013年

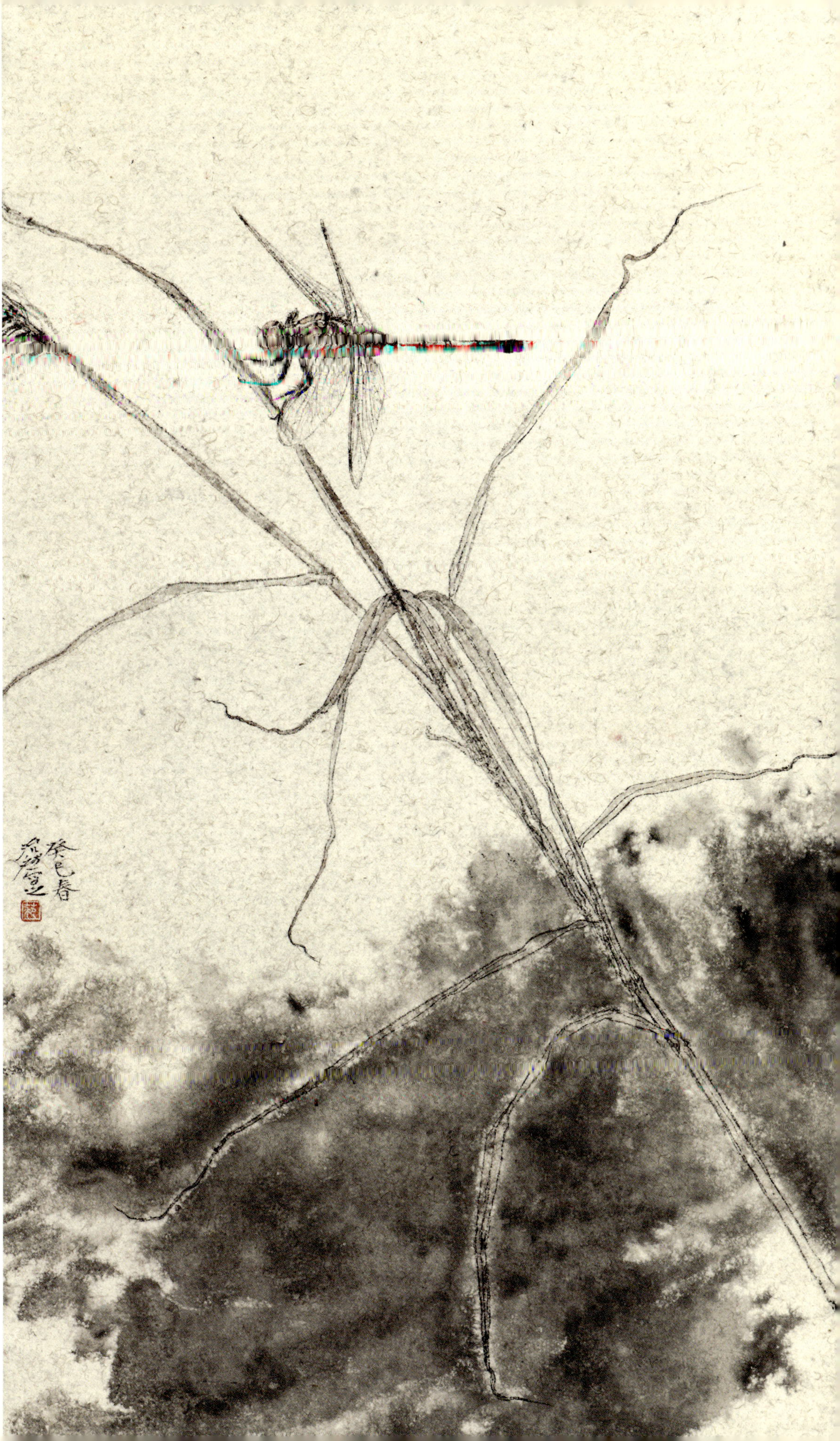

范治斌　蜻蜓图　65×39cm　纸本设色　2013年

范治斌　高原写生　100×50cm　纸本设色　2012年

人，生活在尘世中，无论胸怀怎样崇高的理想，抑或自认有怎样非凡的使命，即使在某一领域内，已达到了脱俗的境界，但作为一个人，总逃不脱世俗的牵绊和搅扰。人们渴望得到，又害怕失去，这是生存的法则，是所有世俗的人们的心灵，它既代表了人们进取的精神和缱绻的柔情，同时又是人类贪婪和恐惧的表征。

范治斌　牧牛图　65×39cm　纸本设色　2012年

书风&印象 之

程风子

出生年月：1962年10月17日

斋　　号：问梅堂、丹若居、十砚楼

籍　　贯：安徽（现居北京）

学　　历：大学

国画师承：黄永厚、杨延文

书法篆刻：无师自通，纯属原生态

声乐师承：柳石明

兴　　趣：读书、旅行、驾车、品茗、吹埙、声乐

经　　历：15岁习字、刻印、学音乐；25岁学画画、作电台主持人后写字画画篆刻至今。

专著出版：《程风子篆刻集》《性灵风骨·程风子》《中华书画》（程风子专辑）《中国名画家精品集（写意山水）程风子》《当代逸品十家·程风子》《当代书法十家·程风子》。九州音像出版《程风子·性灵风骨》《当代名家篆刻研究·程风子》《有名其灿·程风子玩书画印》等。

现为北京国家博物院文物鉴定中心书画鉴定组专家成员、海协会书画分会理事、北京印社理事。

作品被中国美术馆和海内外藏家收藏。中央电视台、湖南卫视、山东卫视、环球旅游频道、书画数字频道以及内蒙古卫视先后做专辑报道。

狠刀猛笔真英雄

——风子其人其画

撰文：董浩

程风子，原名春风，人也似春风。我与他相识是在五年前国防部的一次笔会上，当时几位画家要合作一幅丈八巨制《彩荷图》，邀我与中国美术馆的常务副馆长、著名国画家马书林先生开笔。我俩越画越疯狂，以至于旁观的画家居然参战者甚少。这时，却有一帅气清秀书生右手握笔左手执酒，咬牙切齿地参战并越战越勇，最后我们仨竟端着脸盆以手抓墨“混战”在一起。于是，一幅张力十足的丈八精品豁然而出!也就是从那时起三个性情相投的汉子就成了再也分不开的好兄弟。

我从小习画，主持人、作画我一直是脚踩两只船，这些年从八十多岁的前辈到比我年轻的后生，画坛高手认识的不少，但像风子这样真性情、真才气的挚友还真是难得，于是大有相见恨晚之感。他人既随和，还尚未成家，我就一直厚着脸皮三天两头频繁叩扰。我们在一起或狂抹乱画一气，或品茗或引吭高歌。或吹埙抚琴，偶或朗诵一段风子写的美文，真乃其乐融融，心怡神旷，我还美其名曰：到此问梅采采真气学学真功。

如此几年下来，我的书、画、印的技艺真得以长足进步，对风子的了解也越发全面，也越发感到就国内而言像风子这样的文、书、画、印俱佳之人实属难得，他既是真才又非常刻苦。别看他随意涂抹信手拈来即是精品的水墨丹青，每一笔都源自他十数年坚持不懈的努力，每年两次以上的寄情山林的实地写生，而他那如古人高士的飘逸威风又得益于博览群书闭门修炼的苦读，那力透纸背之功夫，老辣苍劲之笔墨又离不开他三十年来的书法篆刻之绝技。如果你有幸读过他的风格独特的美文，你就更会意识到全方位的文化素质对于一个书画家来说有何其之重要。

我为我拥有风子这样德才兼备且有真性情的朋友而庆幸。有人说现在是一个不产生大师的时代，但是，当你认真读完读懂程风子的画册，读懂程风子本人的时候，我想你会改变你的这一想法。而当有朝一日风子终成正果的那一刻，我会再一次挥毫为他书写“狠刀猛笔真英雄”！

孙

何仁福

十砚楼

风荷秋池

名家谈风子篆刻妙语

王镛：朴拙。于不经意中颇见匠心。

石开：用刀如荒原野马无拘束，边款也好。

徐正濂：程风子刻得沉厚、跌宕、大气。总起来说，我觉得他的主要功夫在书法上，篆刻是余事，是他的书法在石头上的反映，即便是石头上的篆书，也和他在纸面上的行草书审美一致，章法一致，线条一致，表现手法一致。

陈四益：风子的印章，给我最深的印象，是他的随意，不衫不履，不修边幅，有蓬头垢面之感。或朱或白，不篆不隶，似乎字体、刀法、布局都不以规矩而成，但自有另一番趣味。比之春花舞风、美女拈针的精致，另是一路。他的印章，给人的感觉，有如断碣残碑，由于年代久远，字迹漫漶，石面斑驳，于苍劲之外，另添几许沧桑之感。

刘二刚：看程风子刀法，首先得一痛快，白文尤胜。我仿佛听到他刻石时发出的咯崩咯崩声，无一点矫揉做作，大胆直入，巧拙互参，于不经意间会冒出“不可能”的惊人法。这背后所下的功夫是不难想见的。功夫加才气，这作品就站得住，正如苏东坡说：“出新意于法度之中，寄妙理于豪放之外。”诗书画印都是相通的，现在创新高手不少，而真正的上品就很难得了。我联想到江苏的马士达和朱培尔先生，他在他们二人之外又出一格。

一壶：治印之道，不雕不成器，然以雕为能，而失于雕，则雕之过矣。成于雕而毁于雕，壶由是知斯道之难在雕与不雕间尔。淮上程风子书画篆刻，秉诸性灵，信手游之，得其天真，诚善托其胸次者，右所治印稿若干，乃壬未大年邂逅水一方老屋所为，虽不足标帜其风尚，而其意趣与敦雅饶腕下览之，犹可令人想见其游刃矣。

伍立杨：艺术与时代俱变。观当代篆刻名家程风子先生所作，其特出的匠心独运之处，乃是他刀下的线条吞吐八荒般对速度的把握能力。传神写照，线条是生命活跃的象征，推刀时形成的丰富空间秩序与运动轨迹，沉潜着作者主体情感的回旋起伏及客观世界的生命韵律，也微妙地传达出人与自然之间的冥悟与和谐。

曾翔：作印第一重要的是篆法，第二重要的是刀法，第三重要的是章法，我是非常赞成的，风子已具备上述三者之能力，成功就自然在情理之中了。我常言：“面貌易成，高级难求。”“高级”二字可能是

得众

可得神仙

风子作品中最为重要的。

朱培尔：写意篆刻在追求变化的同时又使之统一起来是不易的。而且在印面的表现上，风子是做得不错的，特别是我近期所看到他的朱文印以及人的白文印，他在印面的留白上以及技巧上可以说很大胆，探索是可喜的。

壬辰

周祥林：风子的书画印中，我最喜欢他的印，看似支离却浑然一体，貌似生硬却游刃有余，形散而神聚，字分而气合，颇备大家风范。他的印最早从汉印入手，也每每从近代齐白石、当代一些名家中得消息，可谓天下英雄尽入吾刀下也。

幻云

唐吟方：程风子比白石要幸运一些，他生长在“文革”，不必经历白石他们一辈人所必须经历的来自传统的束缚，表现在印面上的看似松松垮垮，尽管自如还有欠缺，但“牧童坐牛背，信口吹短笛”的意思还是有的——一种别具风味的朴实。如果艺术上有多元化，我倒是赞成程风子的选择，不是选择的选择，那也算是一条路。

杨林：我于风子近作中的印章边款上似乎发现了“如见道心”的端倪，那一片气度恢弘、烂漫纷披的字迹，如同迎面奔腾驰骋而来的荒原野马，以我看其用刀的轻松自然竟远胜他书法作品的用笔。真使我感到不可思议，同时又异常欣喜。我想要说的是，可否将这种自然的“野性”或是“野蛮”风格移植到印面之上，一以贯之，进行到底。让精致和风雅见鬼去吧！篆刻的风月场里不缺你一个，你的与众不同或许就在这里。

仁者乐山

风子

天行白云

光强

倪宝华

温美玲

怀文抱质

个山园

书风&印象 之

石人

1971年6月18日生于杭州，号悟静、昌黎居士。求学浙江美术学院期间受教于沙孟海、王伯敏、刘江诸师。现任哈佛亚洲艺术中心中方代表。

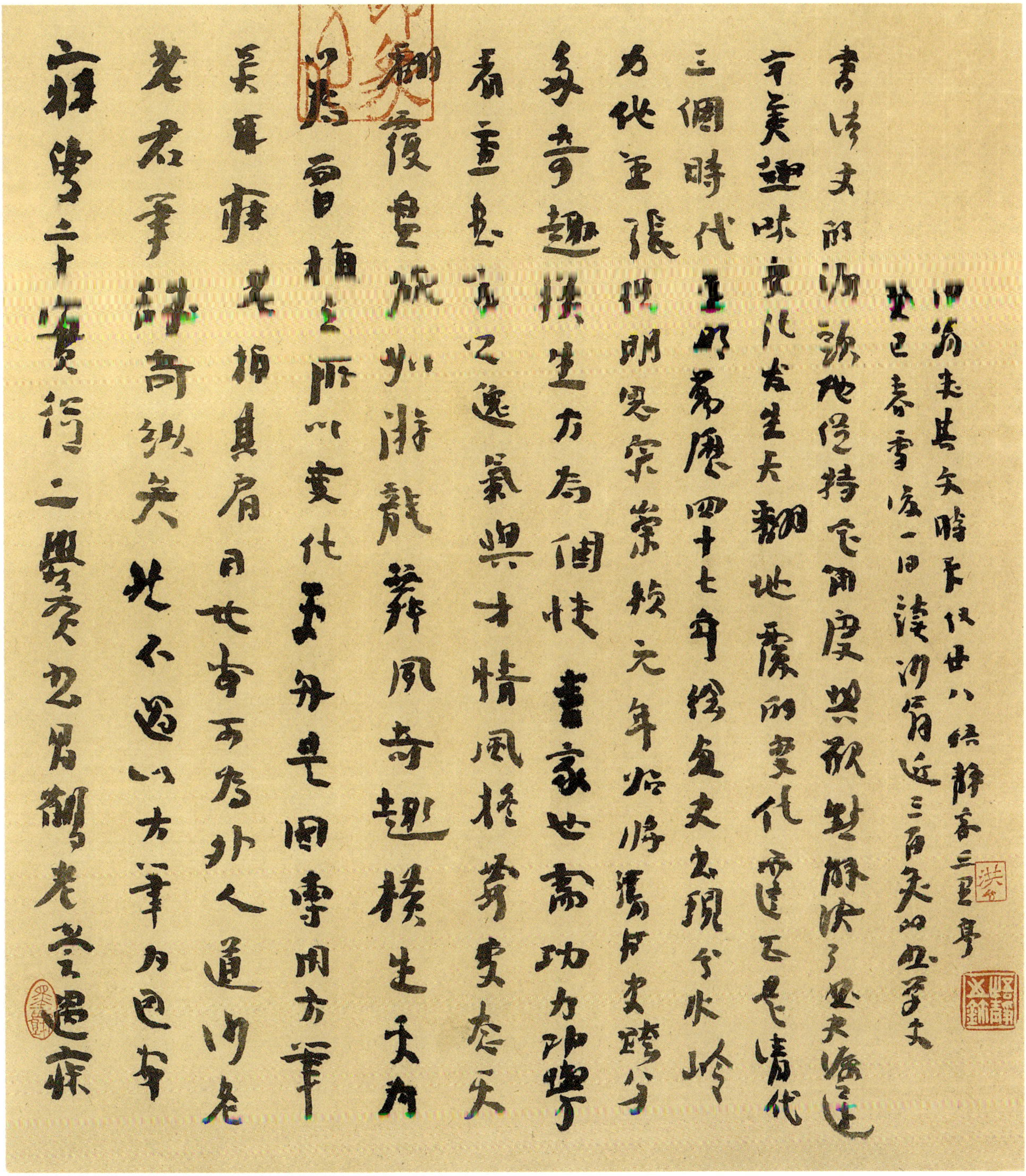

石人　沙翁论书　50×45cm　纸本水墨　2013年

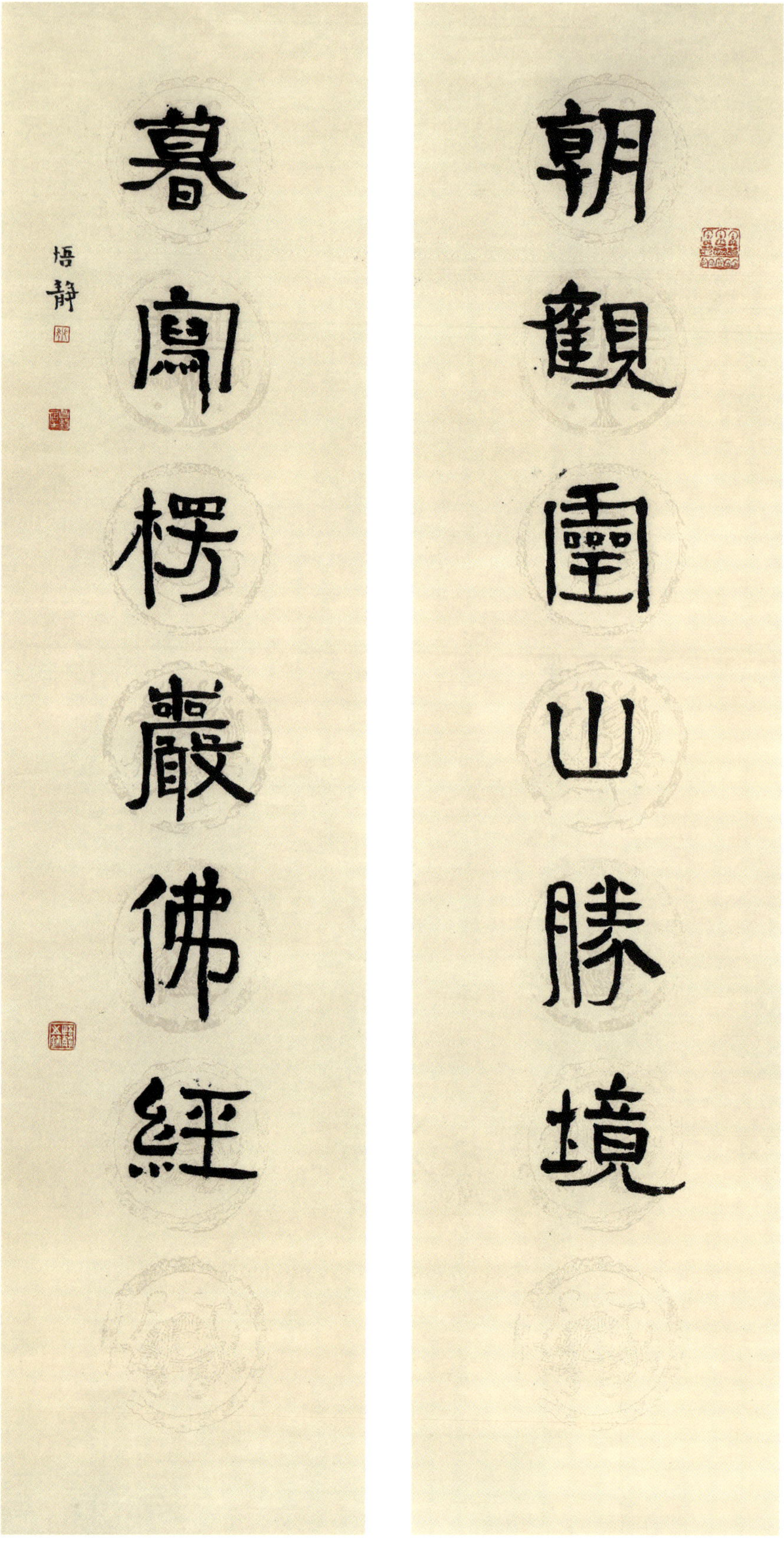

石人　佛学联语　180×49cm×2　纸本水墨　2013年

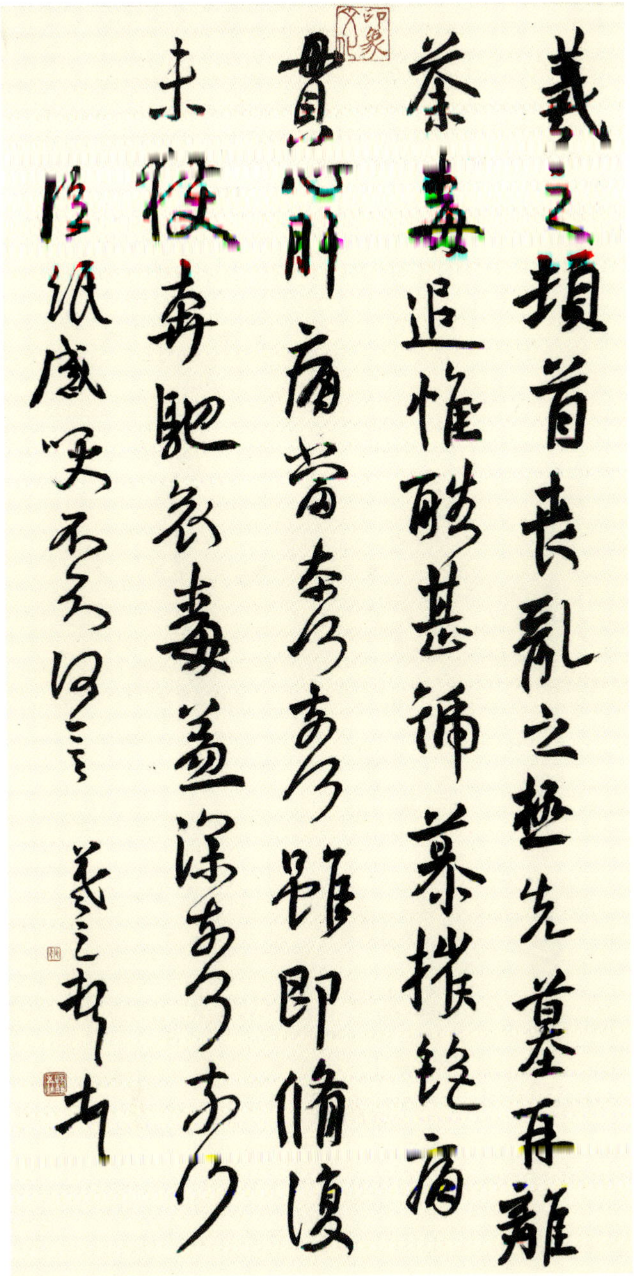

石人　意写丧乱贴　180×97cm　纸本水墨　2013年

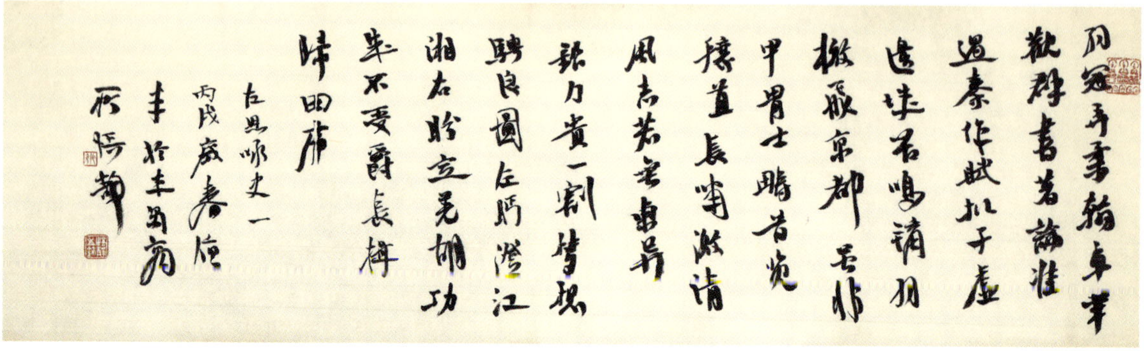

石人　录左思咏史一　35×136cm　纸本水墨　2013年

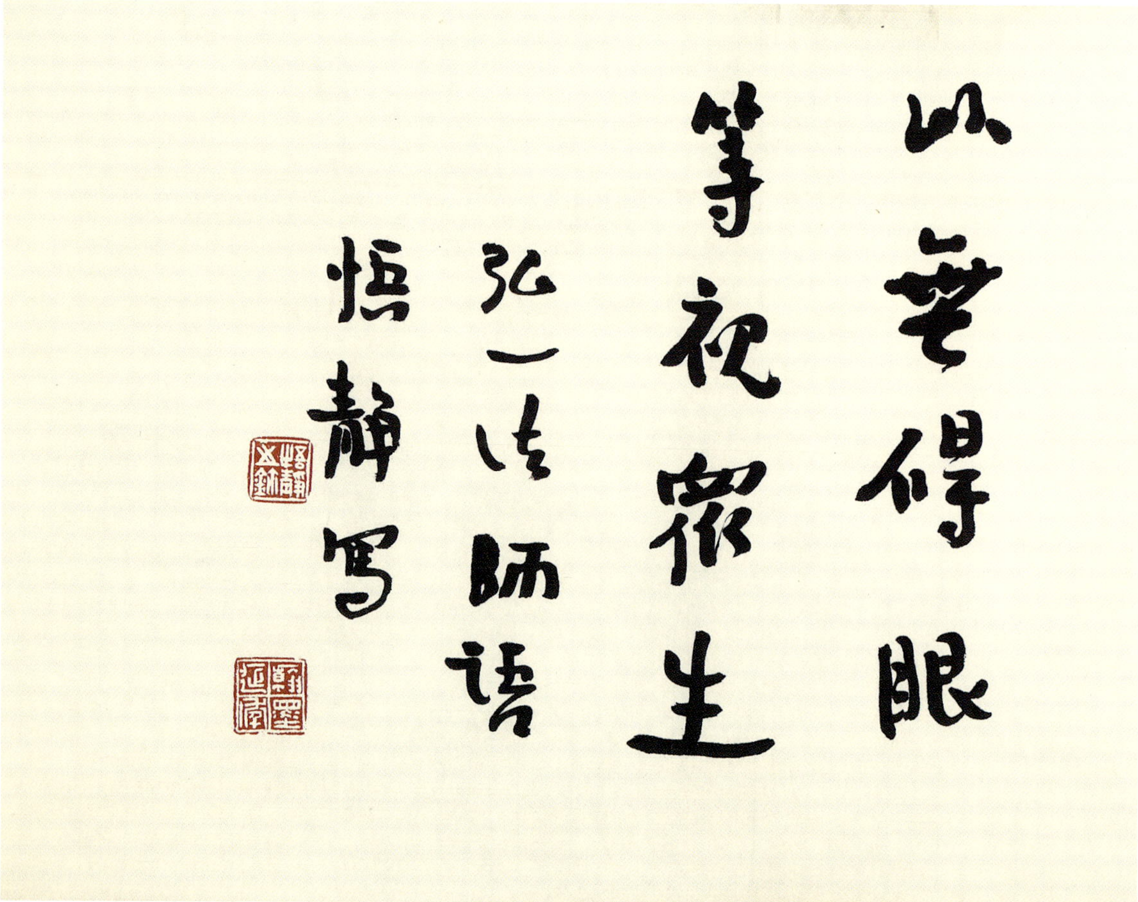

石人　录弘一法师语　34cm×55cm　纸本水墨　2013年

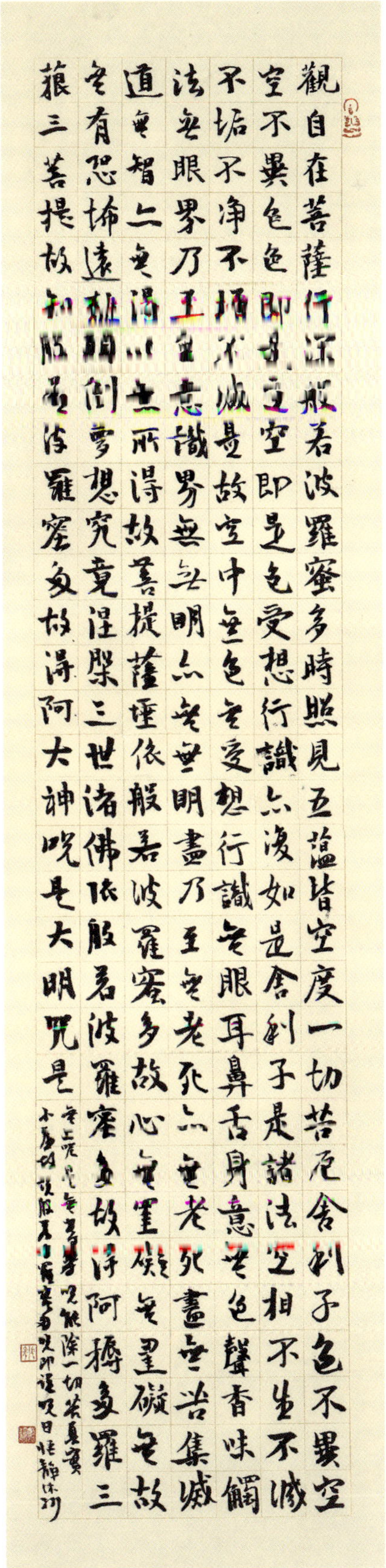

石人　客课稿之心经文字　69cm×136cm　纸本水墨　2013年

他不假装

撰文：戴士和

戴士和

满族，辽宁人。1948年9月4日生于北京。1981年中央美术学院油画系壁画研究生班毕业；留校任教。1995年兼任中央美术学院设计系主任；油画系教授。1998年任油画系主任至今。中国美术家协会会员，中国油画学会理事，中国美协油画艺术委员会会员。

古斯塔夫·克里姆特的作品在中国流传开来，当是1979年以后的事情。

那年秋末冬初，央美油画系的李化吉先生带来了克里姆特的画册，大家都是头一回听说克里姆特，头一次见到这样的油画，都觉得新鲜，觉得好看。李化吉说，他属于维也纳的分离画派，活跃于十九、二十世纪之交。于是大家强烈呼吁李先生做讲座，我画的招贴，题目就是克里姆特与油画装饰风，记得李先生去专门找了他在新闻单位的朋友帮忙翻译，把这本画册的文字大意给全部“捋”了一遍，讲座十分轰动，影响迅速波及到央美周边，几年以后出现了几位专门发展这种风格的年轻作者，在全国的展览上很出跳。

上个星期在书店里转，见到两本克里姆特的新画册，一本是研究他的风景画，另一本是维也纳博物馆中他的作品收藏。后者收录的创作草图和素材手稿、素描和速写不少，也有些局部，放大出来很有意思。

事实上，20世纪90年代以后在国内，克里姆特已经渐渐淡出焦点，取而代之的是更加刺激的信息，留在印象里的克里姆特仿佛比较“行”了，艳俗可人的一路。其实，如今再看他的画，既不是当年七八十年代那么新颖新奇，也并非后来以为的那么媚俗浅薄和做作。

克里姆特实在是一把好手。看他照片上的样子，粗壮的身体披着蓝色斗篷，一头蓬着的卷发、机智而质朴的小眼睛、不加修饰的络腮胡子，真像个农民，像个农民工、匠人。气质态度上，其实坦诚就好。工匠怎么了？干嘛非得假装成“学者型”假深沉？何况又没有什么大不了的想法。

我看，克里姆特的画就不假装，喜欢什么就把那点喜欢给画出来，千方百计给画出来。他不掩饰自己的“能”以至“巧”。当然，不掩饰也不等于卖弄技能，克里姆特终归还是喜欢人生、喜欢性爱、喜欢活生生的人物和那些景物的勃勃生机，这些对于生命对于大自然的一片热诚，就把他手头上的“能”和“巧”给充实起来了，这是克里姆特的真可爱的灵魂，是他“炫”的外表之下质朴的、可谓明心见性的动人之处。从他赞美生命赞美大自然的主旨来看，他的装饰手法的华美艳丽，其实恰恰切题，恰恰是他直言的坦诚。在他一片深

Gustav Klimt 古斯塔夫·克里姆特

（1862～1918）

维也纳分离派绘画大师奥地利画家。1862年7月14日生于维也纳郊区布姆加特，1918年2月6日卒于同地。早年受业于维也纳工艺学校。1890年加入维也纳美术家协会。作品吸收古埃及、希腊及中世纪诸艺术要素，将强调轮廓线的面和古典主义镶嵌画的平面结合起来，创造出一种独特的富有感染力的绘画样式。代表作为《埃赫特男爵夫人》，1897年退出维也纳美术家协会，另组织维也纳分离派。

情的画面上，我们甚至可以感到，一旦他用他多彩的画笔把某个肖像的灵魂给再现出来；一旦他把某处风景的意蕴给抒写出来，他的得意忘形、他的快感、他的赤裸裸的心，都跃然画布之上触目皆是，处处感人。

能感到他行笔不会很慢，速度随心，随直接地感受。是感受在引导他的画笔，他追随感性的直觉。无论是“重大主题”，如《医学》《哲学》或者《贝多芬第九》，也无论是《接吻》或者肖像、风景，他并不企图图解理性的教义，也不企图用画面诠释逻辑命题。他在开开心心地作画，画那些女人、那些男人，他是如此陶醉！

他大量的速写人物十分精彩，寥寥几笔就已一语中的。仅仅勾出外轮廓的大骨架，那人物的传神肖似、幽默风趣，就全部孕育其中，包括未来油画上的装饰性色块布局，都已经呼之欲出了。所谓造型的“整”“整体感”，就是在还没有五官细节前，人物的神韵风采、动态比例，什么都已经在里面了。

我们的教学当中，有所谓反对“教风格”一说，主张“教基本规律”，反对各种风格的干扰。听上去蛮有道理，但实际上恰恰架空了对基本规律的领悟和传承，谁能离开风格呢？哪怕举出一个“无风格教学”的例子？实践上，二者无法割裂开来。

克里姆特的风格就深深地植根于他的眼睛，植根于他的心灵、他的呼吸。他眼里的世界正是他画出来的样子——他所见到的有意思的、有趣的、好看的、耐人寻味的世界，就是他画面上的样子——所见如此！所以，他一点也不纠结。他并不是先看见写实的素材，并不是把写实的素材给“处理成”装饰性的画面，也就是说，他不是在给平凡无味的视觉素材添油加醋、压扁拽长、改头换面，不是的！他和梵高、马蒂斯以及许许多多好的艺术家，都是直接作画，画他们所看见的，他们作画的过程不是一个作假的过程，而是明心见性、直抒胸臆的过程。他们的眼睛和头脑是一个整体，所谓真宰上诉，妙笔生花。

新画册里有一件克里姆特30岁以前的作品，一米见方的水粉画《老城堡歌剧院的观众席》。画册放大了该画的许多局部，而且一一注明了画面中一百三十多位观众的姓名身份，真令人叹为观止！每个人物细节生动自然，有趣而耐看；整体布局严整宏伟，装饰感强。细节与整体之间彼此支撑，交相辉映，可见装饰与绘画性之间，本就是水乳交融、天然无间！只有画面正中的那盏枝型吊灯略显幼稚，不及其成熟期所画的道具物件来得老到大方。

在欧洲见过克里姆特的原作，色彩浓郁饱满，血性十足，是可信可感的色彩，是生猛而不单薄不贫弱的色彩。克里姆特的画甜是甜，俗是俗，但他真诚坦率，天才动人！不知他算不算“顶级”艺术家，但可以断定，他是一个真实的人，在我看来这比什么都重要。

2013年6月24日

克里姆特 老城堡歌剧院的观众席 1888年

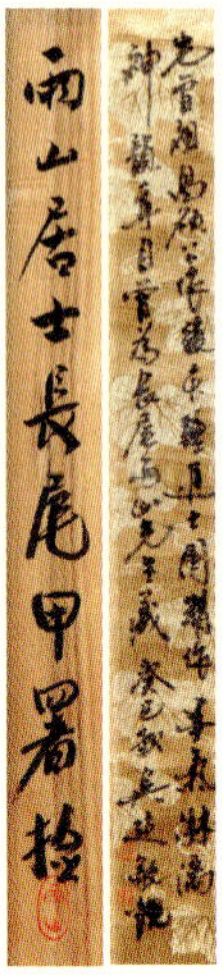

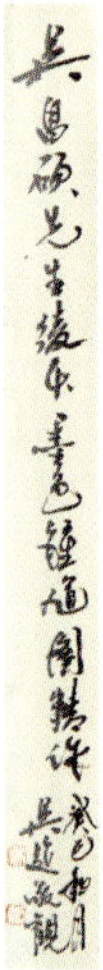

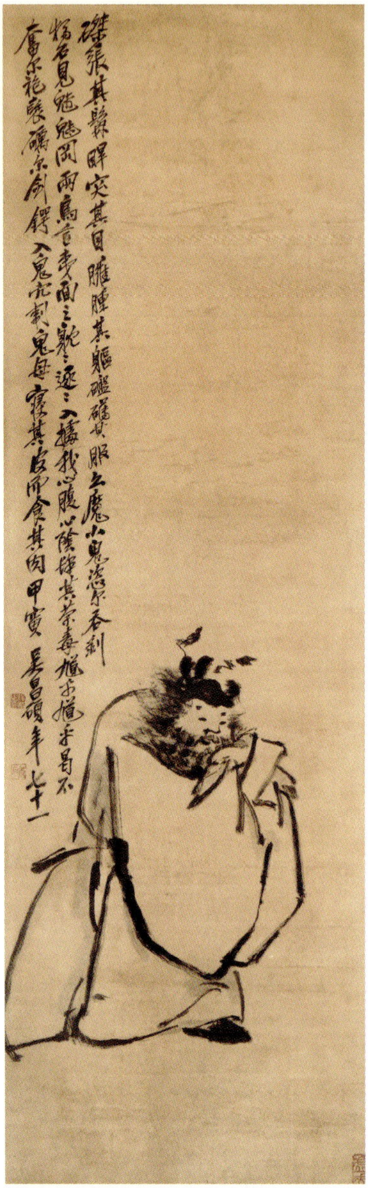

吴昌硕　墨钟馗　127 × 41cm

苦铁画气不画形

——读吴昌硕《墨钟馗》图

撰文：李晓方

吴昌硕一生所绘人物极少，但对钟馗却情有独钟，曾先后作过多幅钟馗画。吴昌硕移居上海后，亲眼目睹了上海这个繁荣发展的城市背后的尔虞我诈和对劳苦人群的血腥压榨，他画钟馗的同时借题发挥，痛斥当时人少鬼多的社会现实，抒发愤世嫉俗的心情。钟馗面貌丑陋，也与他晚年画作追求上古金石的朴野古拙味、呈现“大丑大美”面目、不得世人认可相通。这也是他对画钟馗情有独钟的原因所在。

吴昌硕人物画有绝高的水平。此幅钟馗无背景衬托，画面下方以水墨写意描绘钟馗拱手而立，臃肿其躯，宽大其服，衣纹以金石入笔，画中钟馗精神矍铄而气韵内敛。吴昌硕用简练到极致的寥寥数笔勾画出钟馗的脸部及传神表情，长髯虬节、双目微晗，威而不狞，憨态可掬，不同于以往人们印象中的钟馗，画中多了一分憨态与人情味，但却不减嬉笑怒骂之神韵，画家用笔活泼、老到，笔触柔中带刚，完全具备吴氏人物画的典型特征。细观该画，羊毫点笔入墨眉眼，寥寥四点看似不经意的落笔，实则蕴含极深功力。为画出钟馗多重、复杂交织的性格特征在眼神上的表现，吴昌硕不仅用笔柔润饱满，连落墨大小、长短、角度、位置也精准到毫发之间，使得人们在纵观整幅作品时，总会第一眼就聚焦到钟馗的眼神，并为从眼神中传出的意会所惊叹所折服。在吴氏创作的人物画中，很少有对脸部作细节描绘的作品，而主要以“苦铁画气不画形”来征服观众。

本幅《墨钟馗》图，是吴昌硕七十一岁（1914年）绘本水墨钟馗人物画像，为日本著名收藏家长尾甲旧藏。长尾甲是日本汉学家、书画篆刻家，西泠印社早期社员。1903年到上海担任商务印书馆的编辑顾问近12年。其间，他与吴昌硕最为友好，常在一起探讨诗歌书画，吴昌硕经其介绍，与日本文人墨客乃至政界人士结识极多，吴昌硕通过他为日本爱好家作书画篆刻数量也难计数。1914年长尾甲归国。吴昌硕作多幅书画送别，此幅钟馗像极有可能也是这一时期所赠。

吴昌硕曾孙西冷印社社员、上海吴昌硕艺术研究协会副会长著名书法家吴超先生鉴赏本幅《《墨钟馗》后欣然题跋“先曾祖昌硕公作绫本钟进士图精作。墨气　淋漓，神韵夺目，为长尾龟山先生藏。吴超敬观　癸巳年秋月”。

吴昌硕曾孙，著名书法家吴超见到首次在国内出现的本幅《墨钟馗》激动不已。

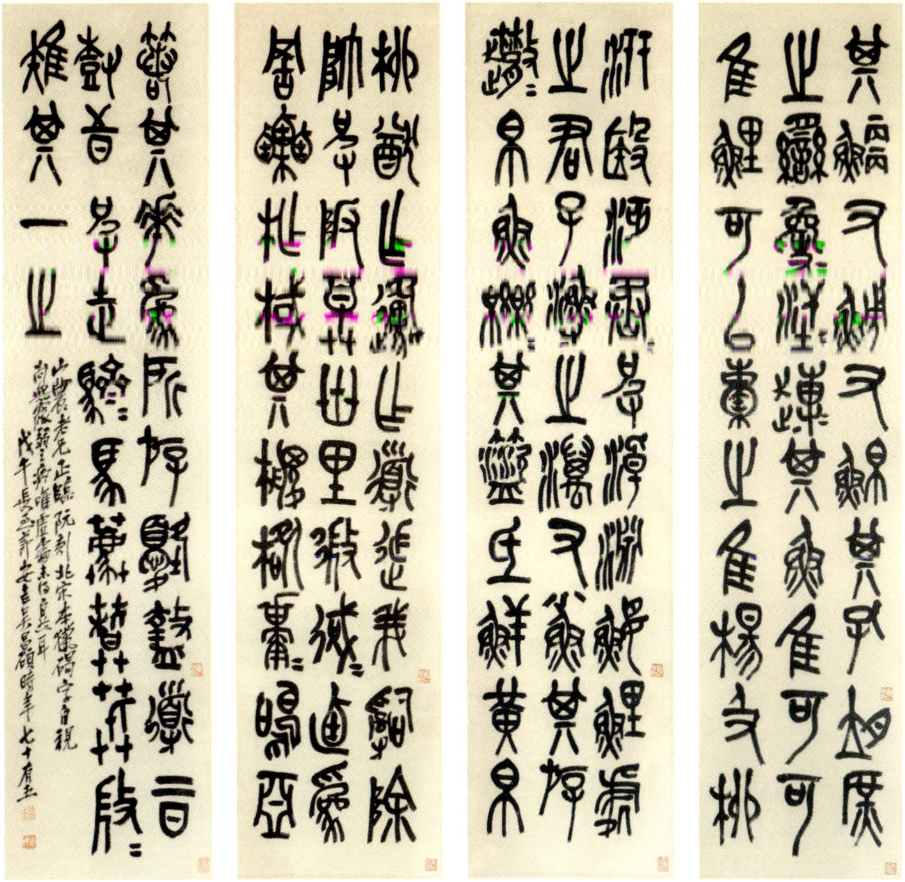

吴昌硕　篆书　133×32cm×4

读吴昌硕石鼓文四条屏

撰文：李晓方

《石鼓文》为我国最早的石刻文字，刻于十个鼓形石上，故名《石鼓文》。

吴昌硕对《石鼓文》学习临摹倾注了毕生心血，最终形成无古无今的全新吴派石鼓，开一代新风。

本石鼓文四条屏是吴昌硕75岁的作品，属于他艺术鼎盛期的作品。从款书中得知是吴昌硕于1918年冬季这一天写与好友刘山农（生于浙江嘉兴，后寓居上海，擅书法。与清末民初著名书法家李瑞清、曾熙并称三大家）的篆书四屏。

细观本作中114个篆字，亦有个别字书写略显草率外，总体看结构布局贴切合理，书写错落有致，用笔浑朴厚重，具有很强的金石味，仍不失为吴昌硕的精品之作。本幅作品的款书为吴昌硕常用的行楷，气韵流畅，逸笔飞扬，开门见山。此作流传有序，曾被担任中央人民政府、办公厅主任、文化部党组书记的齐燕铭所收藏，因“文化大革命”中遭受迫害，该作品流失海外。随着大量流失海外的名人作回流，使得该作品又有机会得以和藏家见面。

齐白石　篱下丝瓜图　127×41cm

阔笔淋漓始元气 微毫方寸显化机

——读《篱下丝瓜图》看齐白石衰年变法

撰文：李晓方

此幅《篱下丝瓜图》是齐白石老人熟悉并常用的题材。画面上二下四布局的丝瓜，用墨笔写就并加以淡淡设色，构图合理、简洁；丝瓜的花蕊用赭石、藤黄大笔点出，凭添鲜活之气，形成画面亮点；成簇的叶子用纯水墨篆箍挥就，自上而下由淡渐浓，一气呵成，彰显老缶风范。整画构图疏密得当、设色清新自然，黄花的点缀使整个画面在色彩上更加富于变化，增加了视觉上的立体感，色彩与水墨的搭配结合极为协调，阔叶硕果与虬曲有力的藤蔓错落有致，层次分明，笔意饶饶，杂而不乱。特别是本件作品之条幅形式，在白石老人传世作品之中可说是难得一见，堪称白石老人稀见之精品。

根据画作的风格及书法特征此画应为白石老人六十几岁所作。其时，正是齐白石听从陈师曾劝告，大胆进行"衰年变法"的初期，作品中依稀可见缶翁遗韵，而青藤、八大痕迹尚存。那个时候，因为陈师曾的大力推崇，白石的作品很受日本藏家的欢迎，所以现存日本的大量齐白石作品大都为这一时期所作，此幅便是日本著名收藏家细田永先生当年直接得自于白石老人的作品。画中所写虽是生活中最普通、常见的果蔬，但老人赋予它们生动之致和温馨的情味，它们体现了老人在平淡生活中的乐观态度，饱含了浓郁的思乡之情。

用我们今天的眼光来欣赏、解析齐白石当年的画作《篱下丝瓜图》，就不能不聚焦齐白石的"衰年变法"，并把他的作品放到当时的历史背景及思想体系中去考察去揣摩。 当他一改石涛、八大写意花卉画风，独创红花墨叶的双色花卉与浓淡减笔虾、蟹、草虫的画法即"衰年变法"时， 其过渡期作品多为花卉类的藤萝、瓜果等，在构图上多表现出花叶、果实相对较小，色彩追求清淡，但"墨叶"这一典型变法特征则鲜明显现。而《篱下丝瓜图》中表现出的绘画特点，符合这一特定时期，属于他变法走向成熟期的作品。也正由此他的大写意花鸟画方始元气淋漓，一派化机，呈现出为世人所熟知的面孔。衰年变法后，齐白石遗弃了传统文人画表达自身雅逸、清高的描绘对象，并反其道而行之，将被传统文人视为粗野的乡村瓜果菜蔬、蝈蝈、蝗虫乃至筢犁、锄头等等拿来入画。原本那些粗陋的景物，一旦进入他的作品，我们读解到的却是淡淡的乡情，浓浓的童趣。在那外患频发、民族灾难深重的年代，齐白石创作那些情趣盎然的瓜果、草虫之作，难道仅是表达一已对家乡草木的依恋？他在《大白菜》一画上题道："牡丹为花之王，荔枝为果之先，独不论白菜为菜之王，何也？"这难道也仅仅是在为"大白菜"鸣不平？当然不是。齐白石的作品表达了以他为代表的社会阶层的不满，预示着新一轮社会变革的到来，其"衰年变法"隐含着对旧制度的解构，对新制度的呼唤。

齐白石变法过程中，因陈师曾的大力推崇，作品很受日本藏家的欢迎，所以现存日本的大量齐白石作品大都为这一时期所作，此幅便是日本著名收藏家细田永先生当年直接得自于白石老人的作品。